国家级职业教育规划教材

全国职业院校学前教育专业教材

第3版

绘画

宁国华　主编

中国劳动社会保障出版社

简　介

本教材内容包括绘画造型基础、色彩、简笔画与卡通画、儿童画和幼儿园水墨画。教材图例的选取力求兼顾基础教学与实际应用的需要，体现本教材的职业性及通用性。

本教材由宁国华任主编，刘立新任副主编，杨兆舜、李莉娜、芦岩参加编写。

图书在版编目（CIP）数据

绘画 / 宁国华主编．--3 版．-- 北京：中国劳动社会保障出版社，2020
全国职业院校学前教育专业教材
ISBN 978-7-5167-4550-2

Ⅰ．①绘…　Ⅱ．①宁…　Ⅲ．①学前教育 – 美术教育 – 职业教育 – 教材　Ⅳ．①G613.6

中国版本图书馆 CIP 数据核字（2020）第 169629 号

中国劳动社会保障出版社出版发行

（北京市惠新东街 1 号　邮政编码：100029）

*

北京市艺辉印刷有限公司印刷装订　新华书店经销

787 毫米 × 1092 毫米　16 开本　8.5 印张　142 千字

2020 年 9 月第 3 版　2022 年12月第 9 次印刷

定价：26.00 元

营销中心电话：400-606-6496

出版社网址：http://www.class.com.cn

http://jg.class.com.cn

前　言

学前教育是终身学习的开端，是国民教育体系的重要组成部分，是重要的社会公益事业。学前教师教育担负着培养学前师资的重任，始终受到国家的高度重视，2018 年《中共中央　国务院关于学前教育深化改革规范发展的若干意见》明确提出要“办好学前教育”“大力加强幼儿园教师队伍建设”。为了适应学前教育发展的形势，满足学校培养学前师资的教学要求，2020 年，我们对全国职业院校学前教育专业教材进行了修订和补充，重点做了以下几方面的工作。

第一，完善了教材体系。根据目前职业院校学前教育专业的教学实际，增加了《幼儿行为观察与指导》《幼儿园游戏》等教材，将《舞蹈（第二版）》和《幼儿舞蹈创编与教法》整合为《幼儿教师舞蹈基础》，将《基本乐理与伴奏编配（第二版）》分为《基本乐理》和《简易钢琴伴奏构建法》。调整后，整套教材体系更加科学、完善，便于教学的开展。

第二，更新了教材内容。对上版教材中的部分内容进行了调整、补充和更新，使教材更加符合当前职业院校学前教育理念和实践方法。增加了实践性教学内容的比重，主要技能点均配以详细的操作指导，以引导学生运用所学知识分析和解决实际问题。

第三，提升了教材表现形式。通过设置知识卡、能力卡、情景再现、引导案例等栏目，增加教材的亲和力，激发学生的学习兴趣。同时，加强了图片、表格及色彩的运用，营造出更加直观的认知环境，提高了教材的趣味性和可读性。

第四，加强了教材立体化资源建设。在教材修订的同时，开发了与教材配套的习题册和电子课件。电子课件及习题答案可登录技工教育网（jg.class.com.cn），搜索相应的书目，在相关资源中下载。在部分教材中使用了二维码技术，针对教材中的教学重点和难点制作了演示视频、音频等多媒体素材，学生使用移动终端扫描二维码即可在线观看或收听相应内容。

本套教材的编写得到了有关学校的大力支持，教材编审人员做了大量的工作，在此我们表示衷心的感谢！同时，恳切希望广大读者对教材提出宝贵的意见和建议。

人力资源社会保障部教材办公室

目　录

第一章
绘画造型基础

绘画在美术门类中处于核心地位，具有广泛的造型手段和表现方法。素描与速写是学习绘画的基础内容。素描是一切造型艺术的基础，它以单色的笔触及点、线、面来刻画形体、再现事物。速写是一种快速的写生方法，属于素描的一种，更强调作画者的手感、敏锐感和创意。

第一节　造型基础知识

一、形态要素

无论多么复杂的形象，都是由点、线、面这三个基本要素构成的。

1. 点

（1）点的概念

点是一切形态的基础。从几何学角度来讲，点是有位置而无面积的。而在造型艺术中的点既有大小，又有面积和形状。点的形状是多样的、丰富的，但点的大小却是相对的。例如，一扇窗在我们眼前是一个面，而放在一栋高楼上看就是一个点，或者高楼放在一个城市的大背景上看也是一个点。所以，相对大的形状倾向于面，相对小的形状倾向于点；相对细长的形状倾向于线，相对宽阔的形状倾向于面。

（2）点的视觉效果

1）点能集中视线。点是力（在此指视觉）的中心，在空间中具有扩张的作用。在造型艺术中，点能集中视线，聚焦人们的注意力，如图 1–1–1 所示。

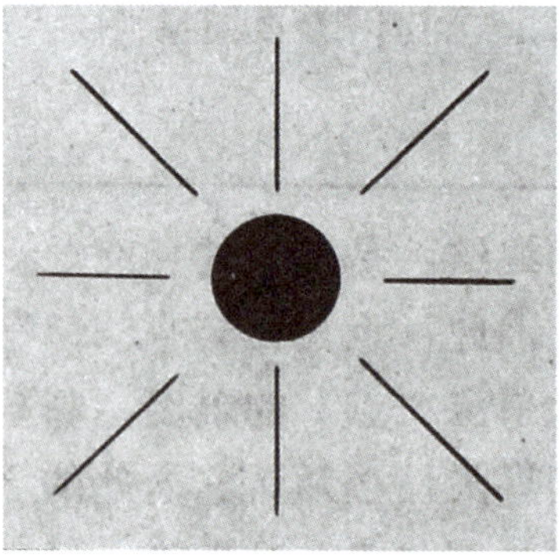
图 1–1–1　点能集中视线

2）点能使视线移动。当空间中有两个同等大小的点处于不同位置时，其扩张作用表现在连接此两点的视线，视线在心理上产生吸引和连接的效果，如图 1–1–2 所示。

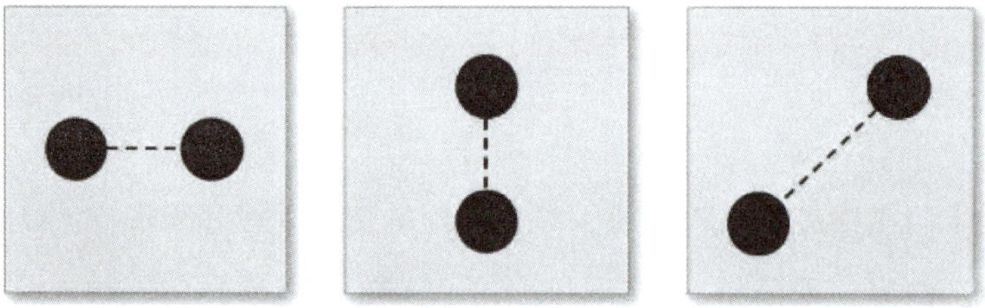

图 1–1–2　两个点的心理连线作用

当两点大小不等时，人们的注意力首先集中于优势的一方，然后才向弱势的一方转移，如图 1–1–3 所示。

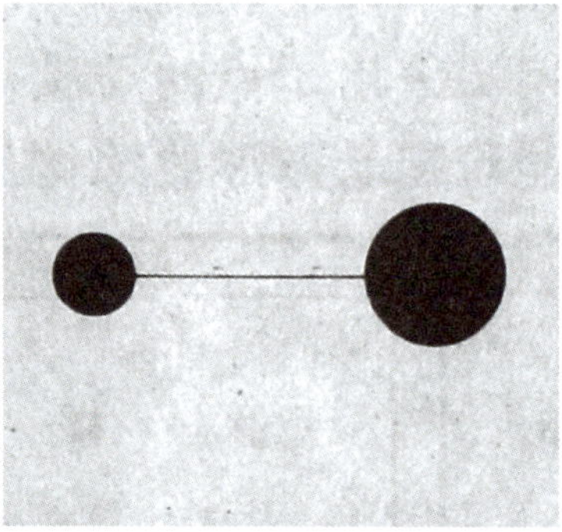
图 1–1–3　两个大小不等的点

3）点的连续排列能形成虚线，点的密集排列可以形成虚面与虚体。

4）不同大小、不等距离的点能产生三维空间的效果。不同亮度、重叠排列的点能产生层次丰富、富有立体感的效果。

点虽然是造型上最小的视觉单位，但因为点具有凝聚视线的特征，所以往往成为关系整体造型的重要因素。

2. 线

线是点进行移动的轨迹。几何学上定义的线没有粗细，只有长度、方向与形状。而在造型艺术中各种相对细长的、不具有面或点倾向的形态都可以归为线。

线可分为直线（又可细分为水平线、垂直线和斜线）（见图 1–1–4）和曲线（见图 1–1–5）。直线的形态较为单纯。曲线的形态则十分丰富，不同的曲线表现效果有明显的差异，在使用中要特别注意它们表意上的区别。

图 1–1–4　直线

图 1–1–5　曲线

除了绘制的线，形与形之间的互相接触或分离也会产生线的感觉，如图 1–1–6 所示，换句话说就是不直接画线而间接制造出线的视觉效果。这种线不是绘制的实体性图形，但是它们实实在在存在于我们的视野中，其表现性一点儿也不逊色于实体线。这种非实体但真实存在的线，称为消极的线。在设计中，要认真对待这种线的表现作用，并有意识地创造和运用。

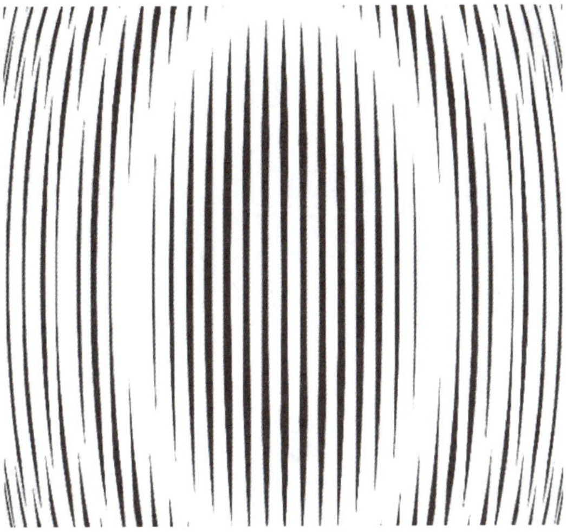

图 1–1–6　相互接触或分离形成的线

线比点更具有感情色彩。一般来说，直线表示静，曲线表示动；直线代表理性、机械、有序、严肃、直率，但显得死板，而曲线则自由、奔放，更有人情味。

3. 面（形）

面是相对于体而言，只具有二维空间的形象。它是线移动的轨迹，具有长度、宽度而无厚度，有位置和方向之分。

面（形）的种类及性格如下：

（1）几何形的面

几何形的面有方形、圆形、三角形、梯形、菱形等，如图 1–1–7 所示。它具有明快、简洁、有序等性格，然而一旦进行复杂组合就会丧失以上感觉，机械感和冰冷感加重。

图 1–1–7　几何形的面

（2）直线形的面

直线形的面是指用直线任意构成的形态，如图 1–1–8 所示，具有庄重、严肃、有力等性格。

图 1–1–8　直线形的面

（3）曲线形的面

曲线形的面是指用自由的弧线构成的形态，如图 1–1–9 所示，具有轮廓柔和、表现随性、富有变化等性格。

图 1–1–9　曲线形的面

（4）不规则形的面

不规则形的面是依据创作者的意图、个性，有意创造出的图形，如图 1–1–10 所示。它带有很强的主观色彩，比较能引起人们的兴趣；但如果处理不好，会产生散漫、混乱的效果。

图 1–1–10　不规则形的面

（5）偶然形的面

偶然形的面是指用特殊技法（如敲打、泼墨、自流、断裂、书写等）形成的或偶然形成的面，如图 1–1–11 所示。

图 1–1–11　偶然形的面

二、构图基础知识

构图是指在美术创作中根据主题思想的要求，按照一定形式美的法则，在有限的平面空间中对绘画语言，如形体、色彩、线条、明暗等进行有效的组织，构成一幅和谐完整的画面。构图是绘画的一个重要组成部分。构图时需考虑以下因素：

1. 变化与统一

变化与统一是形式美的基本法则。自然界万物变化万千，它们相互关联、相互作用、相互依存，各自以不同形式呈现在人们的视觉中。变化含有多样、对比的意思，对比即差异，没有差异就不存在对比。统一则是集中、规整的意思。在绘画构图中，画面变化过多而忽略了统一就会显得杂乱无章，反之只强调统一而缺少变化，画面则会显得单调、呆板。因此，构图时必须根据创作主题要求，从全局出发，在统一中寻求变化，对画面的色彩布局以及物体的大小、高低、疏密、主次、虚实等进行分析研究，组合成统一完整的画面。

2. 均衡

均衡是指画面中各种构图要素在量比、力度感上达到心理和视觉的平衡与稳定。均衡可分为对称式平衡和非对称式平衡。

（1）对称式平衡

对称式平衡是指画面以中线为轴，左右或上下对等分割，物体在形状、色彩等一致或稍有变化的情况下构成的画面的平衡。这种构图给人稳重、安定、庄严之感，适于表现较大的场面，如拉斐尔·桑西的《雅典学院》、达·芬奇的《最后的晚餐》（见图1–1–12）等。对称式平衡的构图形式适用于图案设计和装饰绘画。

图1–1–12 《最后的晚餐》/ 达·芬奇

（2）非对称式平衡

非对称式平衡是指物体双方在形状、色彩等有很大区别的情况下达到的一种平衡效果。如果说对称式平衡是在统一中有平衡感，那么非对称式平衡则是在变化中求得平衡。非对称式平衡的特点是灵活、富有变化，南宋马远的《梅石溪凫图》就体现了这一平衡效果，如图1–1–13所示。

图1–1–13 《梅石溪凫图》/ 马远（南宋）

3. 形式线与基本形

（1）形式线

形式线是指在构图中用来分割画面的长线，不同的线给人不同的视觉感受。

1）水平线。水平线给人平静、开阔、舒展的感觉，可以起到抑制动感的作用，如图 1-1-14 所示。

2）垂直线。垂直线给人高大、挺拔、庄重、稳定的感觉，如图 1-1-15 所示。

图 1-1-14　水平线

图 1-1-15　垂直线

3）斜线。斜线给人动感、不稳定的感觉，如图 1-1-16 所示。

4）曲线。曲线给人优美、柔和、轻快的感觉，且有流动感，“S”形曲线最具美感，如图 1-1-17 所示。

图 1-1-16　斜线

图 1-1-17　曲线

（2）基本形

基本形是绘画构图中的“结构骨架”，是主体物体在组合时构成的基本框架。

1）三角形。三角形适合表现庄重、稳定和高耸。斜三角形具有较强的动势与冲击力，如图 1-1-18 所示，倒三角形则显得危险、极不稳定。

2）圆形。圆形多用于表现饱满、充实和完整，如图 1-1-19 所示。

3）螺旋形。螺旋形多用于表现旋转、动荡、不稳定，如图 1-1-20 所示。

4）波状形。波状形适用于表现流动、活泼和节奏感，如图 1-1-21 所示。

图 1-1-18　斜三角形

图 1-1-19　圆形

图 1-1-20　螺旋形

图 1-1-21　波状形

4. 九宫格构图

九宫格构图又称为井字形构图，是在画面上横竖交叉绘制四条线，将画面分成九个一样大小的格子，如图 1-1-22 所示。四条线的交叉点周围是人视觉最敏感的区域，尤其最右侧两点最为醒目，因此主要物体适宜放在交叉点上。

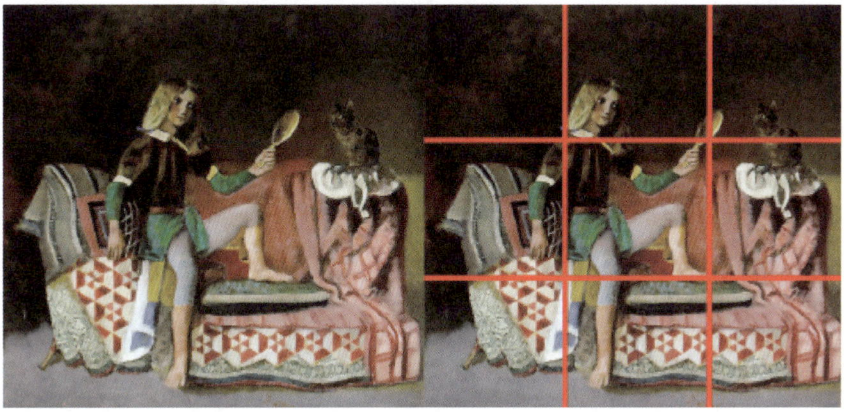

图 1-1-22　九宫格构图

三、透视基础知识

透视是一种视觉现象，指在视点固定的情况下，物体呈现近大远小、近高远低、近实远虚的状态。它是客观世界通过人的视觉器官所产生的视觉反应。透视法则是造型的重要依据，是指导人们在造型中正确观察、理解和表现物体形体的理性法则之一。

1. 透视的基本术语（见图 1-1-23）

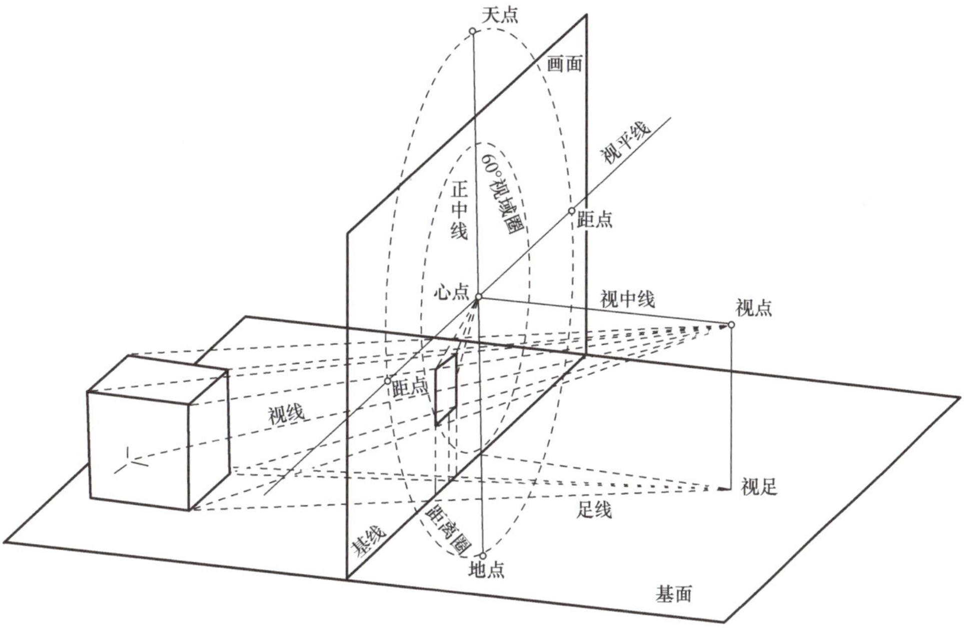

图 1-1-23　透视的基本术语

（1）画面

画面是画者与被画物之间的一个假想的透明平面，我们所看到的物体都是投射到这个面上所产生的透视图像。画面一般垂直于地面、平行于画者。

（2）视点

视点是画者眼睛所在的位置。

（3）视线

视线是视点与物体任意一点的假想连线。

（4）视平线

视平线是与画者眼睛平行等高的一条水平线。

（5）视中线

视中线是视点到画面的垂线。

（6）视角

视角是任意两条视线之间的夹角。

（7）视域

视域是视点前方人眼所能看到的空间范围，即以视点为顶点的 60° 锥状观察范围，如图 1–1–24 所示。

（8）视距

视距是视点到画面之间的距离。

（9）基面

基面是景物的放置平面，一般指地面，地面是最大的基面。不同的放置面形成不同的基面，如桌面、窗台等。基面都是水平状态的。

（10）基线

基线是画面与基面的交界线。

（11）视高

视高是从视平线到基面的垂直距离。

（12）消失点

在透视中，一簇不平行于投影面的平行线的投影会汇聚于一点，这点就称为消失点，也称为灭点。消失点包括心点、天点、地点、距点和余点。

1）心点。心点是画者眼睛正对着视平线上的一点，即视平线与视中线的交点。

2）天点。天点是物体消失在视平线以上的点。

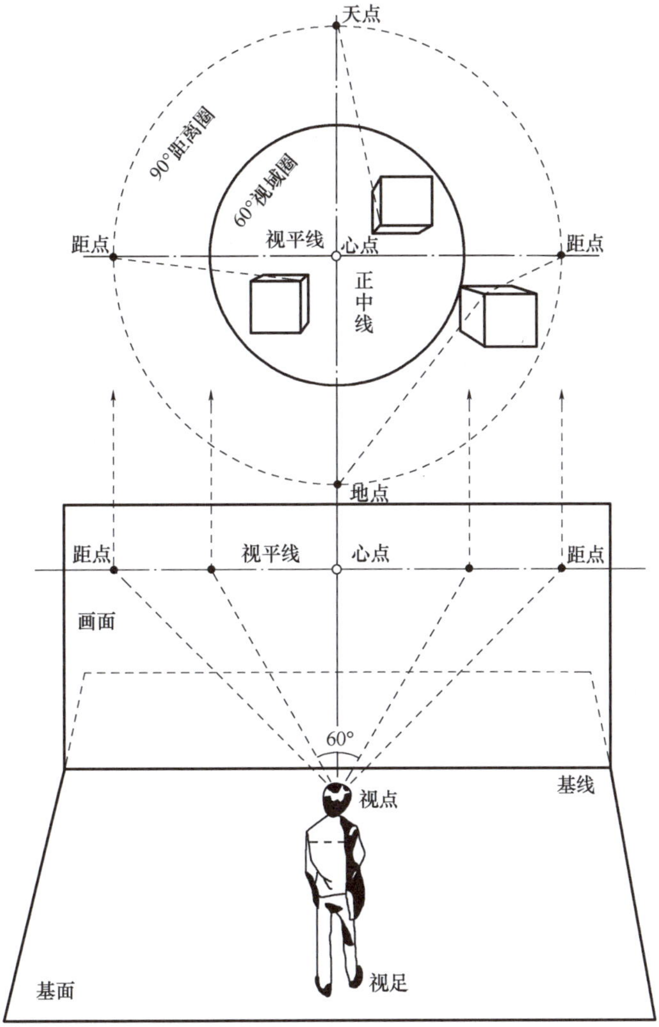

图 1-1-24　视域

3）地点。地点是物体消失在视平线以下的点。

4）距点。距点是将视距的长度反映在视平线上心点左右两边所得的两个点，平视时两点连线与基面平行。

5）余点。在视平线上，除心点、距点外，其他的点统称余点。

2. 常见的透视现象及规律

（1）平行透视

以立方体为例，当立方体的一个体面与画面平行，所产生的透视现象即为平行透视，如图 1-1-25 所示。

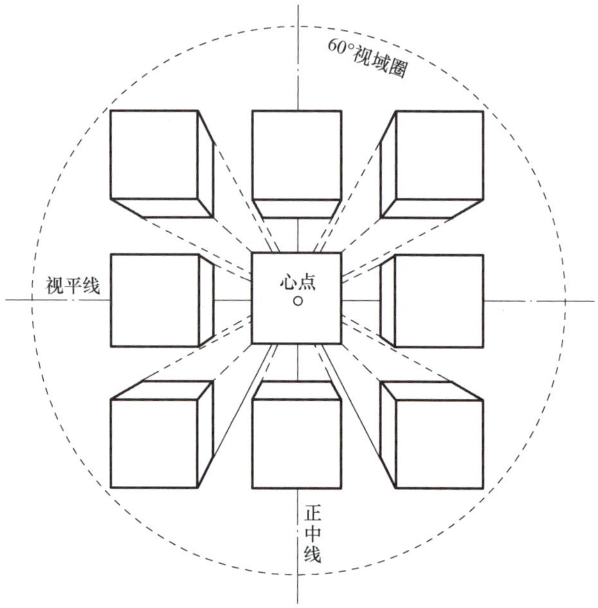

图 1-1-25 平行透视

（2）成角透视

当立方体两个体面与地面平行，其他体面与画面成一定角度时，所产生的透视即为成角透视，如图 1-1-26 所示。其特征包括：一是立方体的任何一个体面都失去原有的正方形特征，产生透视形变；二是立方体不同方向的三组结构线中，与地平面垂直的仍然垂直，与画面成一定角度的两组线分别向左、右两个方向汇集，消失于两个余点。

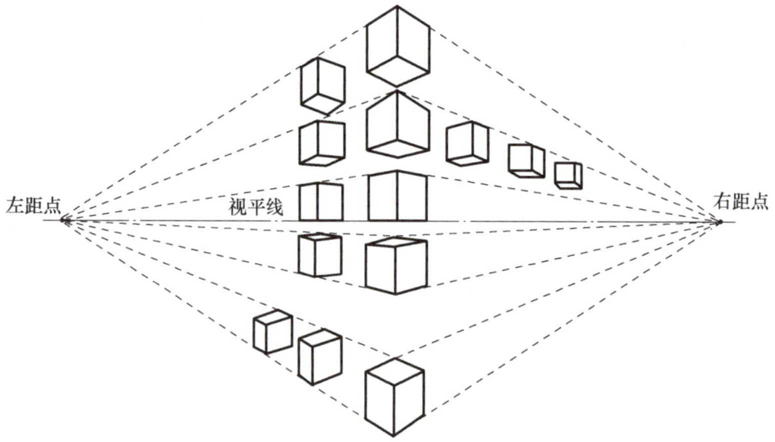

图 1-1-26 成角透视

（3）倾斜透视

倾斜透视有两种情况：一种情况是物体自身存在倾斜面，如楼梯、房顶、斜坡等，即产生倾斜透视，如图 1–1–27 所示；另一种情况是因视点太高或太低，产生俯视倾斜透视或仰视倾斜透视。与画面和地平面都倾斜的面分为向上倾斜和向下倾斜两种情况。向上的倾斜线向视平线上方汇集，消失于天点；向下的倾斜线向视平线下方汇集，消失于地点。天点和地点均在消失点的垂直线上，如图 1–1–28 所示。

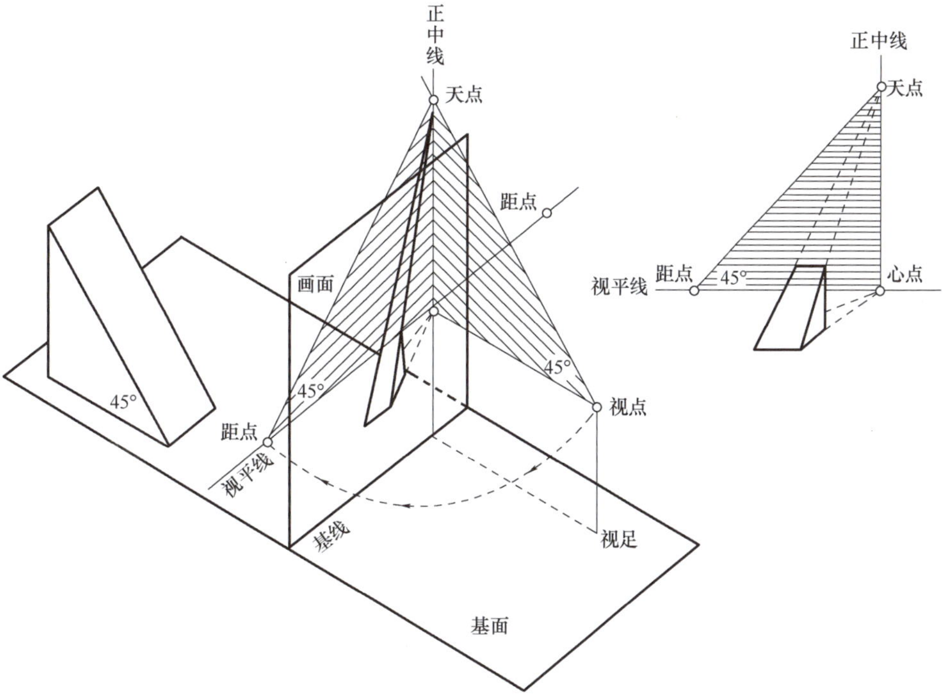

图 1–1–27　倾斜透视

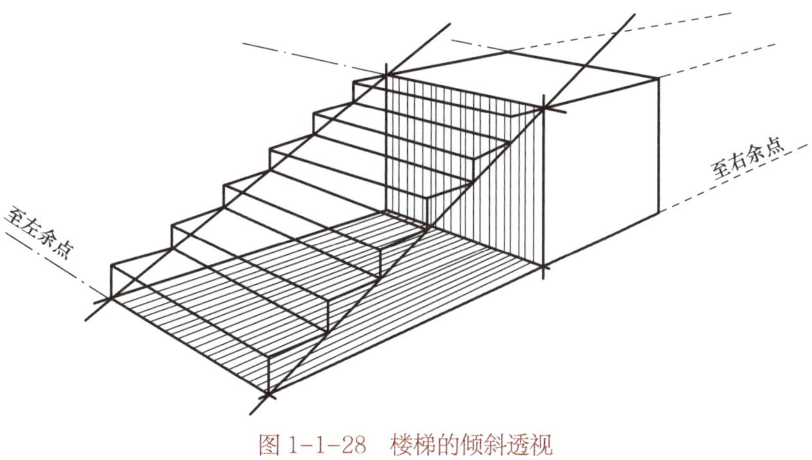

图 1–1–28　楼梯的倾斜透视

（4）圆形透视

圆在透视变形后变为椭圆。圆心在最长直径与最短直径的交点上。最长直径将椭圆分成两部分，近的部分略大，远的部分略小，如图 1–1–29 和图 1–1–30 所示。

圆柱体可以理解成由许多圆重叠组合而成，因此圆柱体顶面和底面的变化与圆的透视变化规律一致。当圆柱体的顶面与底面同画面有远近之分时，柱身将呈现近宽远窄的透视变化。

圆球体从任何角度观察都具有同样的圆形轮廓。圆球体的透视变化主要表现在轮廓线以内的体面，具体地表现在明暗交界线。随着光源角度的变化，明暗交界线产生不同的倾角透视，越接近轮廓线其弯曲程度越大。

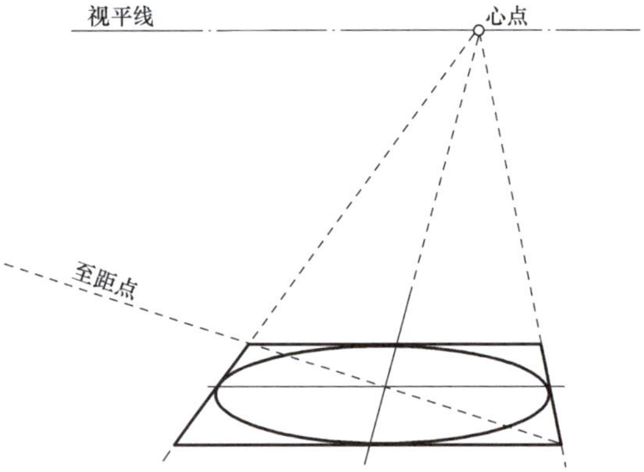

图 1–1–29　圆形透视 1

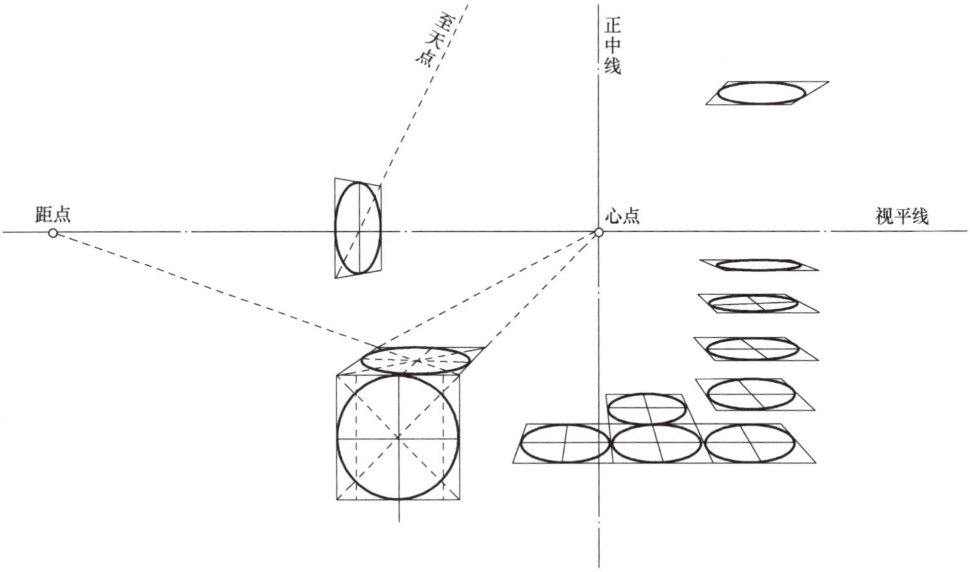

图 1–1–30　圆形透视 2

第二节 素　描

素描即单色描绘，是用单一颜色塑造物体的形式。素描是绘画造型训练的基础。

一、素描基础知识

1. 素描的分类

（1）创作性素描

创作性素描包括以素描形式创作的绘画作品和在美术创作中绘制的素描稿等，如图 1–2–1 所示。

（2）习作性素描

习作性素描包括基本训练中的写生作品、默写、速写等，如图 1–2–2 所示。

图 1–2–1　创作性素描

图 1–2–2　习作性素描

2. 素描的表现形式

（1）结构素描

结构素描也称为形体素描，不追求明暗及光影变化，以线条为表现手法，突出物体的结构特征，如图 1–2–3 所示。

（2）明暗调子素描

明暗调子素描源于西方造型观念，追求严格的透视规律、质量感和空间感，通过明暗调子表现形体结构及背景关系，如图 1–2–4 所示。

（3）表现性素描

表现性素描超越客观物体的外形及明暗关系，追求创作者个体主观感受，融入个性化的表现手法，形成自己独特的艺术语言，如图 1–2–5 所示。

图 1–2–3　结构素描

图 1–2–4　明暗调子素描

图 1–2–5　表现性素描

3. 素描的工具与材料

（1）纸

素描可以在任何纸和平面上操作。纸是最常用的材料，如素描纸、绘图纸、宣纸、硬纸板等都可以选用，但不宜使用表面过于光滑的纸张。初学者宜选用素描纸。

（2）笔

素描所用的笔包括铅笔、木炭笔、钢笔、毛笔等。初学者应使用铅笔。铅笔有软硬、浓淡不同型号，HB 软硬适中。H 数值越大代表铅芯越硬、颜色越淡，B 数值越大代表铅芯越软、颜色越黑。初学者应以 HB、2B、4B 等型号的铅笔为主，不宜选择过硬或过软的铅笔。

（3）橡皮

素描可用的橡皮有白塑料橡皮、绘图橡皮和可塑性橡皮三种。初学者选用柔软、有弹性的为佳，不要使用泛黄或过硬的。

（4）画板与画夹

画板的板面要平整、光滑、软硬适中，以椴木板为佳，其大小要根据画幅大小来确定。

画夹在室外写生时经常使用，不需要太大，能装进四开纸就可以。室内写生可以选用木制画架，其特点是稳定，能够减轻写生中的疲劳。

4. 素描的执笔与作画姿势

素描正确的执笔姿势是以拇指和食指捏笔，其他三指托在下方，笔杆不经过虎口部位，这种执笔方式称为横握式执笔，如图 1-2-6 所示。此外，绘制较实的线条与刻画细部时可像写字那样执笔，这种执笔方式称为直握式执笔。作画时运笔要灵活，手不要压住画面，运笔主要依靠腕力，这样肩、肘、腕、指都能灵活运动。

写生时，画板使用有两种情况：一种是左手扶画板，将画板立在大腿上，视线与画板成 90°，如图 1-2-7 所示，注意不要把画板平放在腿上；另一种是把画板固定在画架上，视线成 90°，注意画架不宜摆放在身体的正前方，这样容易遮挡视线。

图 1-2-6　横握式执笔

图 1-2-7　画板的使用

5. 素描的观察方法

观察的过程就是认识对象、感受对象、储存对象信息的过程。掌握了正确的观察方法，才能准确地表现对象。

（1）整体观察

整体观察就是对所表现的对象进行全方位的观察，观察时要由表及里、由浅入深、由简单到复杂，从大的轮廓、结构、比例、透视和大的块面、明暗关系入手。只有通过整体观察才能进行全面比较，从而获得正确的认识。整体观察的方法要贯穿于绘画的始终。

（2）比较观察

比较观察就是将所要表现对象的大小、高低、宽窄、曲直、前后、明暗等特征进行认真比较，以把握对象诸多因素相互之间的正确关系。

（3）理解观察

理解观察就是要理解对象的结构特点，最简单的办法就是把对象归纳成几何形体，无论多复杂的对象都能用方、圆、柱、锥等几何形体去概括体现，从而掌握基本形体结构特征，理解其空间存在的方式。当然，还要掌握透视、解剖等基础知识，这样才能更准确地理解和表现对象。

（4）立体观察

立体观察就是全方位、多角度地审视对象。要测定各个物体之间的空间位置关系、距离、物体与光线的角度等，力求在任何角度作画都能正确地表现对象的空间关系。立体观察与立体表现是素描训练中的重要内容。

素描中观察与表现应遵循“整体—局部—整体”的原则。素描的过程应从整体开始到整体结束，即使在深入刻画局部时，也应从整体着眼，加强比较，使局部关系服从整体关系。

二、结构素描写生

结构素描在用线表现结构及形体上，有着其他素描表现形式所不具备的优点。它强调用线表示形体轮廓，交代形体造型的来龙去脉，表现形体的空间立体感和质量感，如图 1-2-8 所示。结构素描写生的步骤如下：

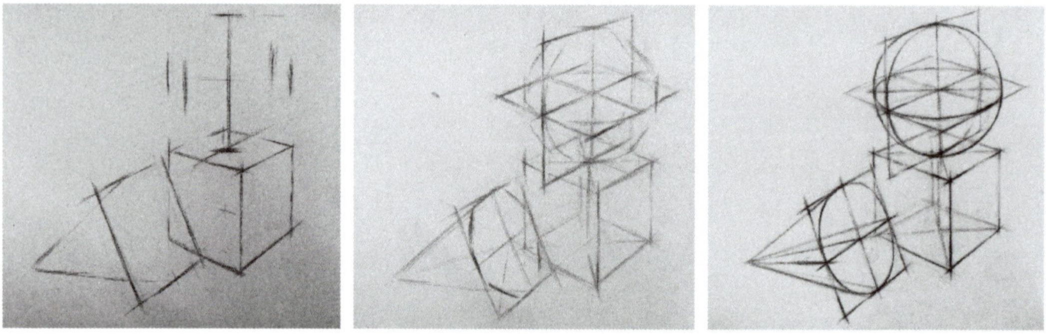

图 1-2-8　结构素描

1. 选择写生位置与角度

初学者不宜选择形体完全处于受光面或逆光面的位置，也不宜选择形体重叠、缺乏空间感的位置，同时不宜选择视平线过低或过高的角度。

初学者还要注意，写生时距写生对象不要太近，那样容易由于透视原因而产生变形；也不要太远，那样会影响对细节的刻画。一般距写生对象高度两倍左右的地方为最佳写生距离。

2. 观察分析

写生时要整体观察，即要求初学者首先要看到形体间的关系与特征，也就是通常说的“大的感觉”。要摆脱细节的干扰，由表及里地分析、理解其结构特征，做到心中有数。

3. 构图与定位

初学者需要了解一些构图知识，从而帮助自己掌握构图要领。如果开始把握不好构图，可使用取景框，以帮助自己观察分析。构图要饱满、稳定、均衡，不可画得太大、太小或太偏，上下左右要留适当的空间。

起稿时要从整体入手，首先用铅笔轻轻地将形体的基本轮廓（也就是人们常说的基本形）在画面中确定下来。基本形确定后，还要将形体大的比例关系、透视关系及形体特征确定下来。要用长线、直线放开去画，线条要轻，做到曲线直画、由方到圆，不要过多地关注细微的转折。同时要多用辅助线，如垂直线、水平线等来检查各部分之间的位置关系是否正确。

4. 深入刻画

在大的比例、特征确定之后，就要在整体框架的基础上深入细致地进行刻画，这是写生过程中时间较长、最为复杂的阶段。初学者要始终在对结构理解的基础上进行分析、比较。为了便于深入理解结构，初学者可把每个形体当成透明体来画，加强局部比较的同时，不能忽略整体大关系。要做到随着局部刻画的深入，形体也描绘得更加精确。

5. 加强线的表现

要运用线条的粗细、轻重及虚实的变化，来表现每个形体的体积感及形体间的空间位置关系。在写生过程中，位置关系比较靠前的轮廓和最能体现结构转折的地方用线要粗些、重些，刻画得实些；位置相对远的或透明体被遮挡的部分用线可以轻些、虚些，颜色要淡些。当然，画结构素描用线应该大胆，不必太多顾及形体的质感、量感及颜色等。画面也不要太追求干净，一些辅助线等不必擦去。

三、明暗调子素描

明暗调子素描以光影、明暗为主要造型手段。在练习明暗调子素描之前，需要掌握明暗调子变化的规律。

1. 明暗调子变化规律

（1）明暗产生的原理

明暗是物体在光的照射下呈现的光影变化。明暗造型写生就是通过不同明度的调子来表现物体的结构关系，使画面产生较强的体积感与空间感。影响调子深浅的因素有以下几个：

1）光线的强弱。光线强，物体的明暗对比就强；光线弱，物体的明暗对比就弱。

2）物体距光源的远近。距光源近的物体，明暗对比强；距光源远的物体，明暗对比弱。

3）物体距视点的远近。距视点近的物体，明暗对比强；距视点远的物体，明暗对比弱。

4）物体固有色的深浅。物体对光线的吸收与反射影响明暗对比的强弱。

（2）“三大面”和“五大调子”（见图 1-2-9）

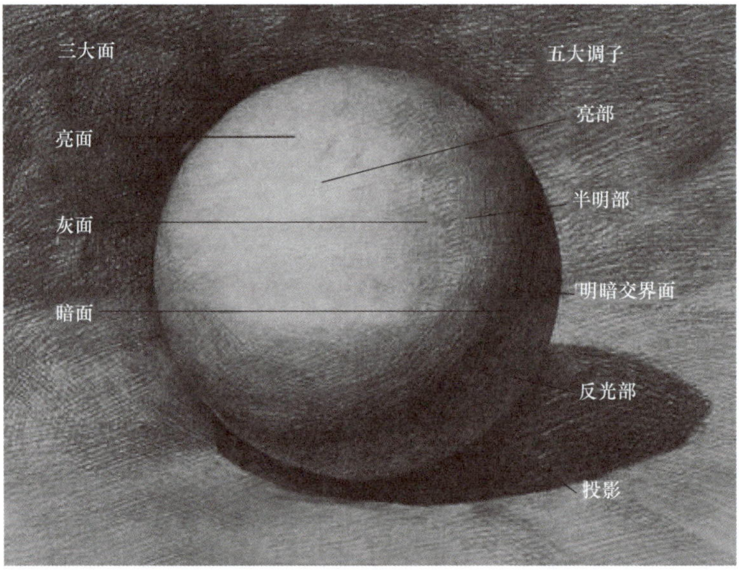

图 1-2-9 “三大面”和“五大调子”

“三大面”是指亮面、灰面和暗面。亮面指光线直射的部分，灰面指光线斜射的部分，暗面指背光的部分。

“五大调子”是指亮部、半明部、明暗交界面、反光部和投影。亮部是物体受光源直射的地方，受光量大，也是最亮的部分。光滑的物体还有“高光”。半明部又称灰部，是物体的侧受光部分，调子变化微妙复杂。明暗交界面是物体受光部与背光部的转折处，通常是一个狭窄的面，它既不受正面光源的照射，也不受环境反光的影响，因此给人调子很深的感觉。反光部是背对光源但受环境影响所形成的调子，反光部虽亮，但比半明部弱得多。投影是物体的遮光部分。离物体越近，投影就越深；离物体越远，投影就越浅越模糊，与背景融为一体。

在素描写生中，把握明暗调子固然重要，但更要深入研究形体结构。因为光源是可变的，形体结构是不变的，明暗调子是依附在结构上的。因此，要理解地观察、表现对象，要善于归纳、概括，把握整体效果。初学者可以从简单的几何形体写生入手，逐步过渡到静物、风景与人物素描。

2. 明暗调子素描写生步骤（见图 1-2-10）

图 1-2-10　明暗调子素描写生步骤

（1）构图落幅

首先要对物体进行观察分析，感受物体的主要特征和大的明暗效果，此时可把眼睛眯起来，这样更能观察整体的明暗效果。其次根据构图原理用直线轻轻地确定物体上下左右的位置，要拉长线，曲线直画，再由方到圆，把复杂的形体结构概括成几何形体，确定大的轮廓，同时注意比例与透视关系是否正确。

（2）抓基本形

从结构出发，抓住各形体的转折部位，准确地画出物体的体面关系。要把握其特征、结构，用直线把轮廓画准，并画出明暗转折线。

（3）铺大调子

铺调子要从明暗交界面开始，逐步向反光部推进，用笔宜轻，由浅入深。要把所有反光部铺满，连成一片。深色的调子可以一层一层地铺上去。如果有的物体固有色较深，应加以强调，使其初具立体感。

（4）深入刻画

深入刻画就是深入细致地刻画对象的各种关系，是画大关系的延续，是锻炼和检验观察能力、思维能力、概括能力和表现能力的过程。深入刻画阶段要深入表现物体的结构、空间感和质量感，尤其是半明部应做重点刻画，把握其微妙的关系。画每一个细部时要服从局部，而局部又必须服从整体效果。深入刻画时要善于抓重点、抓结构、抓主要特征，各局部的关系要既有联系又有区别。暗面要画得概括、柔和，要注意反光部与投影之间的关系。亮面要画得清晰、鲜明。物体的背景调子不可太深，要与物体多比较，太深会显得滞、堵，没有空间感；太浅又衬托不出前面物体，空间感也不强。因此，画背景与物体的明暗调子要同时进行，在整体的比较中进行。

（5）调整统一

作品即将完成时，要把画板放得远一点儿，对画面的主次、虚实、透视、明暗关系等进行全方位检查，该加强的加强，该减弱的减弱，使画面整体统一、形象鲜明生动。

四、石膏头像写生

石膏头像写生是素描学习的一个重要阶段，为真人头像写生打下基础。优秀的石膏雕像造型严谨、结构鲜明、艺术美感强。石膏头像颜色单纯，排除了自然形象固有色和诸多细节的干扰，为学习研究人的头部造型特征和形体结构、掌握规律及表现方法都提供了极好的条件。石膏头像写生应遵循由易到难、由简单到复杂的原则，开始练习可从五官、头骨、脸的石膏造型入手，逐步过渡到复杂的头像练习。因此，对人的头部结构与比例、动态与透视关系的认识与理解显得尤为重要。

1. 头像基础知识

（1）头部的骨骼和肌肉

头部的长宽比是人体诸多比例关系中最基本的关系，它决定着头部的基本形状。长宽比发生变化，头部的形象便会发生变化。

头骨对头部外观起着决定性作用。除下颌骨外，其余各块连成一体，固定不动。熟悉头部的骨骼和肌肉，对于头部造型及表情刻画都有重要的意义。头部骨骼如图1-2-11所示，头部肌肉如图1-2-12和图1-2-13所示。

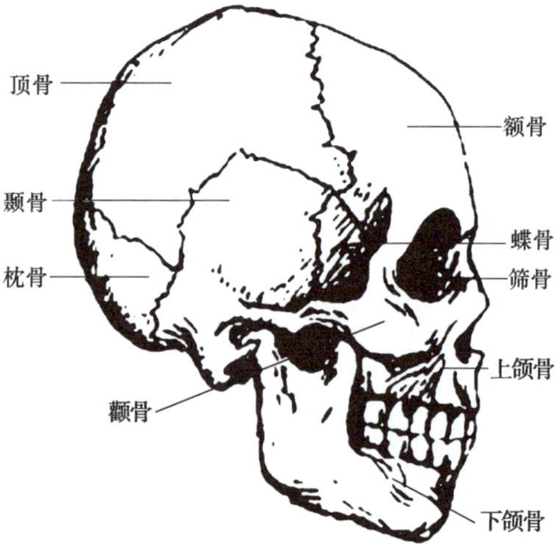

图1-2-11　头部骨骼

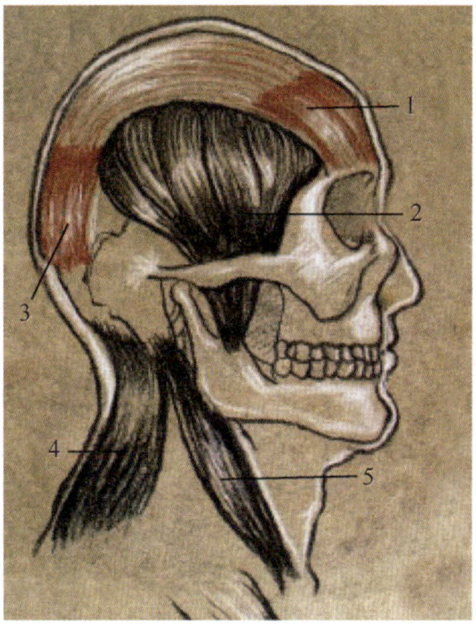

图 1-2-12　头部肌肉（侧面）

1—额肌　2—颞肌　3—枕肌

4—斜方肌　5—胸锁乳突肌

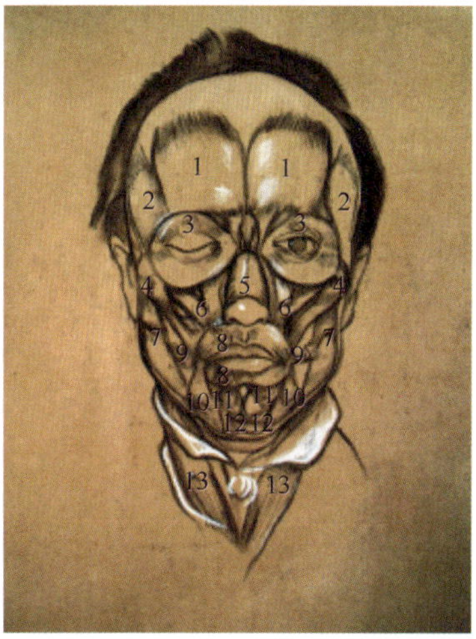

图 1-2-13　头部肌肉（正面）

1—额肌　2—颞肌　3—眼轮匝肌

4—颧肌　5—鼻肌（包括横部、翼部）

6—上唇方肌　7—咬肌　8—口轮匝肌

9—笑肌　10—三角肌　11—下唇

12—颏肌　13—胸锁乳突肌

（2）面部比例

根据中国传统的人物画法，成人的面部比例可以视为“三庭五眼”（见图 1-2-14）。“三庭”即脸长分为三等份：第一部分从中央发际到眉毛，称为上庭；第二部分从眉毛到鼻尖，称为中庭；第三部分从鼻尖到下巴，称为下庭。“五眼”即面部宽度为眼睛宽度的 5 倍。另外，眼睛宽度与两眼间距等长；鼻宽与眼睛宽度相同，是脸宽的 1/5；鼻长与耳长相同，是脸长的 1/3。

（3）男女老幼头部的差异

成年男子头部较方，骨骼明显，面部起伏大，尤其是眉弓、颧骨、下颏等部位凸出，咬肌明显。成年女子头部圆润，面部曲线柔和，下颏稍尖。老年人皮肤松弛，皱纹多，泪囊下垂，嘴瘪，下颏凸出。幼儿头部上大下小，五官位置偏下集中，眼圆大，鼻塌孔小，嘴唇上翘肥厚。

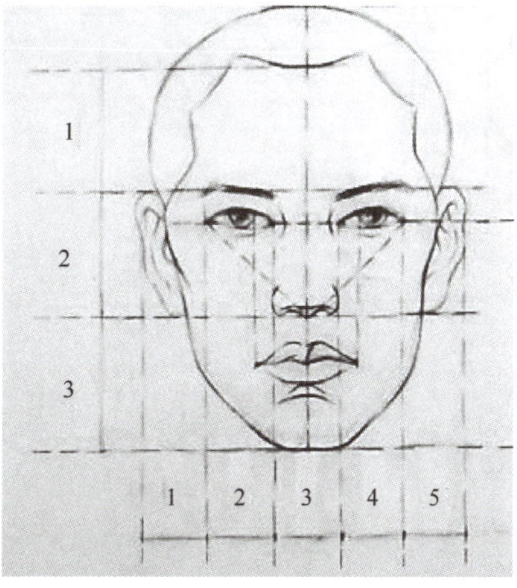

图 1-2-14　三庭五眼

（4）头部的透视

可把头部理解成立方体，不同方向的立方体

决定着头部的透视变化，如图 1-2-15 所示。此外，也可以借助中心线、五官线等辅助线来画准头部的变化。

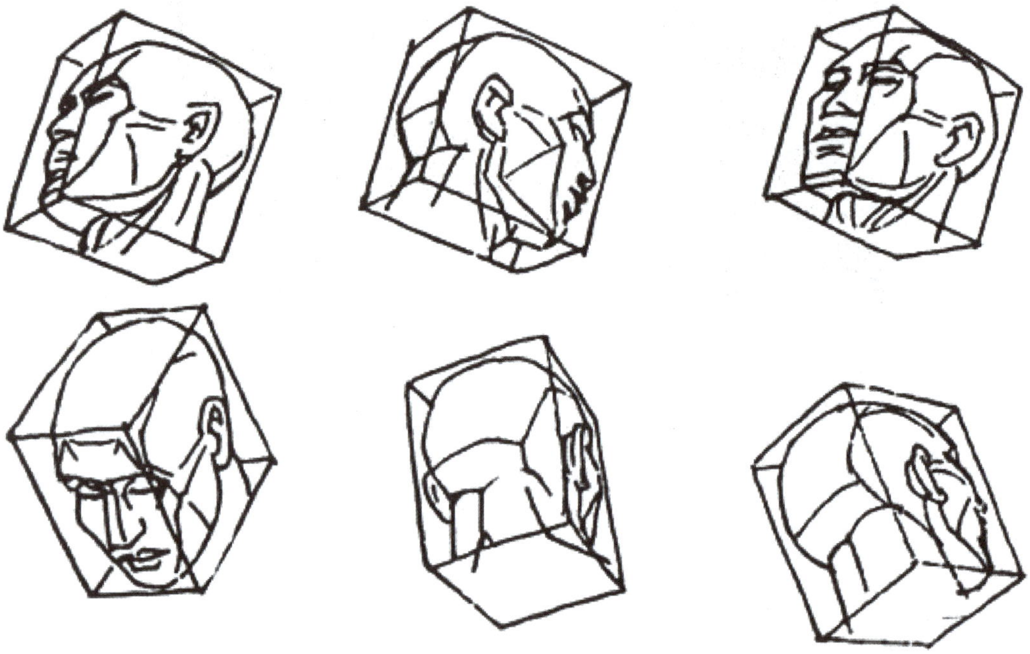

图 1-2-15　头部的透视

2. 石膏头像写生步骤（见图 1-2-16）

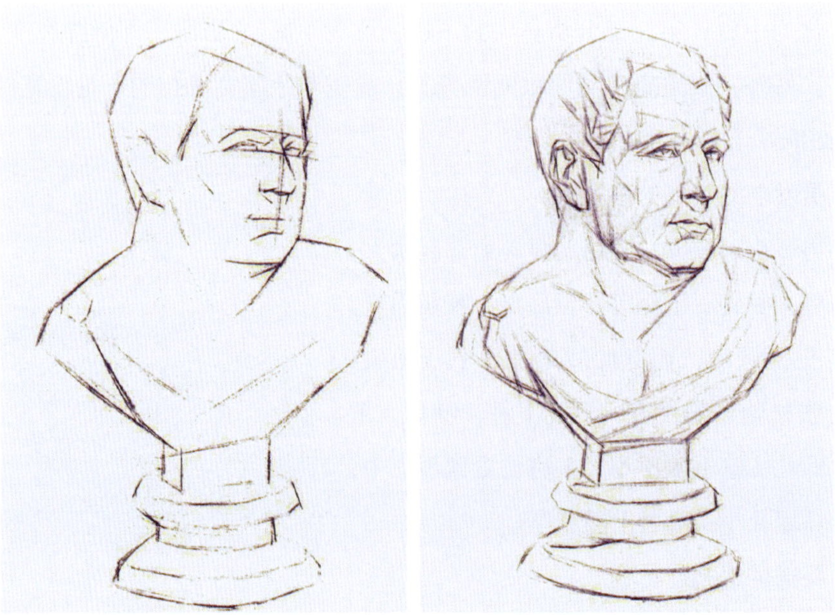

图 1-2-16 石膏头像写生步骤

（1）观察分析

作画之前，要认真观察分析对象的精神状态与外部的造型特征。要观察大的比例关系，如头、颈、肩的比例，穿插与扭转关系。要掌握俯、仰、转动的动态特点，分析大的明暗关系。要从不同角度观察了解对象，选择合适角度，确定表现方法。

（2）构图与定位

先从整体形态着眼，确定恰当的构图，做到画面不挤、不空、均衡、稳定。然后轻轻用笔在画面上定出上下左右的位置。一般头顶上部空间留得要少一些，下部空间留得要多一些，面部前面的空间要大一些。要从大的结构关系入手，抓住形态特征，找出形体的转折点、支撑点。用直线、长线概括地画出石膏像的整体轮廓。确定头、颈、肩的位置和比例关系，同时画出面部大的块面转折和五官的透视关系。要从结构出发，抓住明暗转折线，确定大的明暗关系，使其具有初步的空间感和体积感。这一阶段力求做到简洁、鲜明、准确。

（3）深入刻画

深入刻画是在大的形体块面基本准确，大的结构基本建立，大的明暗关系明确的情况下开始进行的。

首先，要更加精确地抓住形体块面转折的关键部位，注意形体之间的穿插、衔接关系，如眉弓骨的上下转折关系，额骨与颞骨的转折关系，颧骨的正侧转折关系，上下颌骨两侧的对称关系，以及眼球与眼眶、鼻子与前额颜面、嘴与上下颌骨的关系等。

其次，深入刻画细部时要服从全局，每个局部要转移着画，要抓住重点，以对重点的突破来带动全局。铺明暗调子要做到整体有序、由浅入深，要善于从形体结构关系上分析明暗调子的变化，丰富的明暗层次始终要服从整体的黑白灰关系。

最后，深入刻画时要善于比较与联系，如画眼睛要联系到鼻翼、嘴角、耳朵的位置等。形体间的转折、明暗调子的对比和协调都是在联系、比较中达到和谐统一的。

总之，在深入刻画过程中要做到整体有序，做到多观察、多分析、多比较、多理解，自始至终都保持清醒的头脑和良好的状态。

（4）调整统一

经过深入细致的刻画后，作品大致完成，进入整理阶段。可把画面放置到稍远的地方，回到作画的位置，整体、全面地检查画面。对需要突出的部位要继续深化，对次要部位表现过力的部分要适当减弱，使其主体更加鲜明、生动，达到整体和谐统一。

需要注意，石膏头像写生也要自始至终遵循“整体—局部—整体”这一作画原则。

五、素描作品欣赏

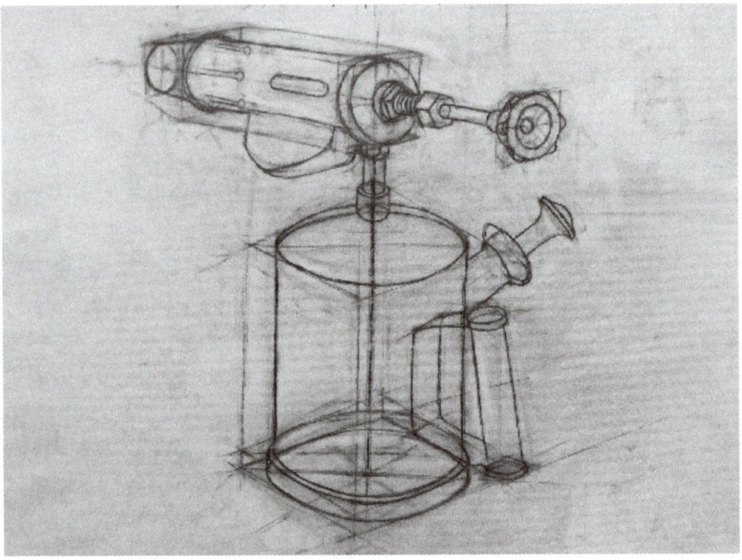

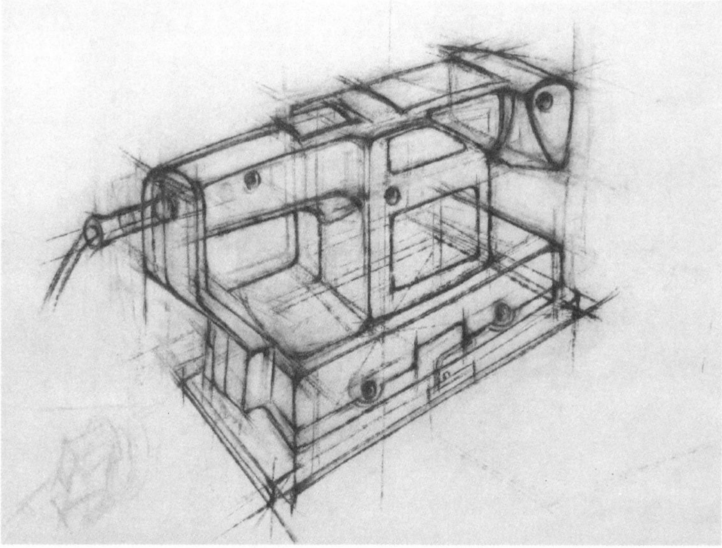

第三节 人物速写

速写是锻炼绘画造型能力最有效的途径。通过速写训练，可以培养创作者的观察能力及对自然美和艺术美的感受能力，可以强化眼、手、脑的有机配合。速写是培养形象记忆能力与表现能力的一种重要手段。

一、速写的概念与工具

速写是指短时间内用简练的线条、块面、色彩等描写实物、实景的主要特点的写生绘画，如图 1-3-1 所示。由于速写要求快速描写对象，所以常常采用单色完成。

图 1-3-1　门采尔速写作品

速写的工具包括铅笔、炭笔、炭精条、木炭条、钢笔、毛笔等，用纸可选白报纸、毛边纸、宣纸、牛皮纸等。

二、人物速写基础

在速写训练的过程中，了解人体形体、人体结构和人体比例等理论知识是十分有必要的。在刻画人物时，可由内而外地剖析其形体结构，掌握其变化，使造型更趋严谨。

1. 人体形体（见图 1-3-2）

图 1-3-2　人体形体图

（1）人体外部基本形

年龄、性别不同的人，其外在形体和比例有所不同，且都有各自的特点。一般情况下，成年男性和女性的形体特征表现为：

1）男性的两肩连线长于两侧大转子连线，而女性则相反。

2）男性胸部体积大，臀部体积小，呈上大下小的梯形。而女性则相反，且女性腰部的位置线位于肩线与臀中线的中间。

3）在比例上，成年男女的人体比例基本相同。相对而言，男性躯干略短，腿部较长，女性则相反。

（2）人体局部基本形

一般认为，人体由三体块（头部、胸部、骨盆）和四肢组成。三体块和四肢的运动状态是速写表现的主要内容。

头部的基本形可视为在立方体中概括出的鹅卵形，主要特征是头部两侧隆起，眉弓外缘、颧骨等部位突出。

躯干主要由脊骨、胸廓和骨盆组成。脊骨由颈椎、胸椎、腰椎和骶骨组成，呈“S”形。胸廓呈略扁的倒卵形，前部由十二对肋骨与胸廓相连，上端由肩胛骨和锁骨组成肩部。腰椎是躯干扭动的关键。

四肢的基本形可以概括成圆柱体。

2. 人体结构（见图1–3–3）

（1）骨骼

人体的基本外形由骨骼和骨骼肌共同组成。骨骼是人体的基本支架，其支撑点又称为骨点，是人体结构的重要标记。人体的主要骨点有肩关节（肩峰）、锁骨、肩胛骨、脊柱骨、肘关节、腕关节、胸廓、盆骨、髋关节、膝关节、股骨大转子、踝关节等。其中肩关节、锁骨、脊柱骨、肘关节、髋关节、膝关节、股骨大转子是较为明显的骨点。上肢的主要骨点为肘关节和腕关节，下肢的主要骨点为膝关节和踝关节。画动态时要抓住这些较为外露的骨点，这样有助于确定动态基本形。

人体各部位的主要骨骼如下：

头部：颅骨、颧骨、上颌骨、下颌骨等。

胸部：胸骨、胸廓、锁骨、肋骨等。

腹部：骨盆、耻骨等。

上肢：肱骨、桡骨、尺骨、腕关节等。

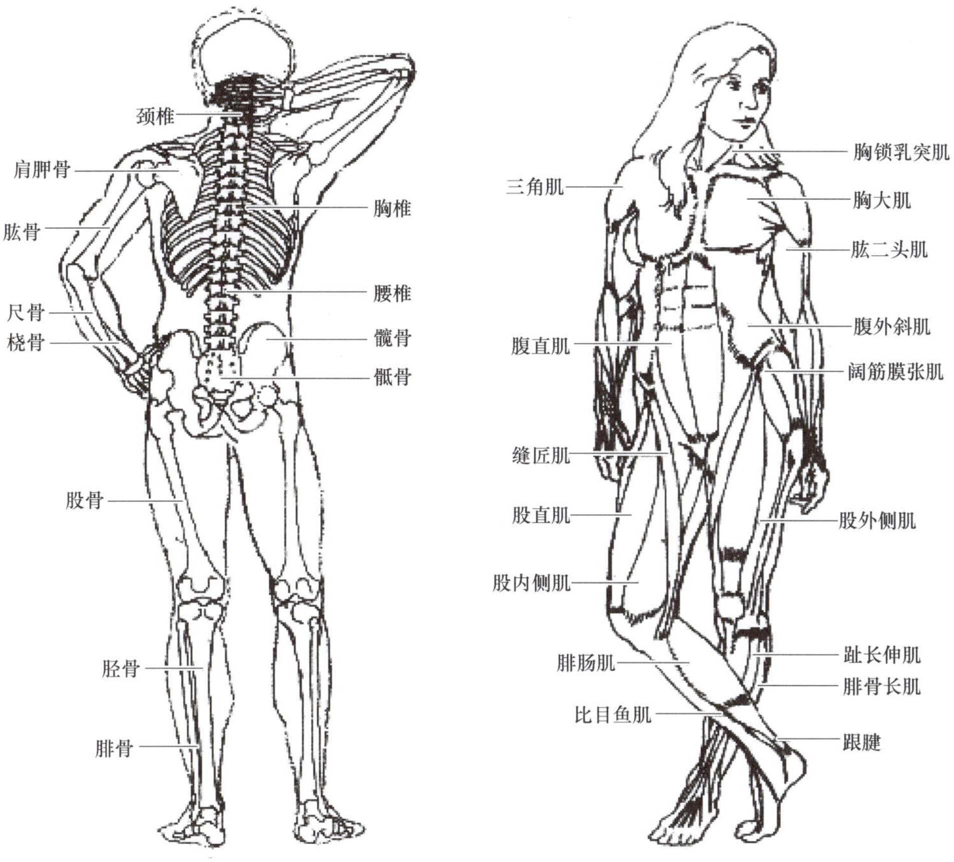

图 1-3-3　人体结构图

下肢：股骨、髌骨、胫骨、腓骨、足骨、踝关节等。

背骨：肩胛骨、脊柱等。

（2）骨骼肌

肌肉生长于皮下与骨骼之间，其最基本的特点是在收缩时隆起和膨胀，放松时扁平和柔软。它依附于骨骼和韧带组织，构成人体的运动系统，决定人体运动的力量和速度。

人体肌肉与人体骨骼一样，是对称生长的，它由以下几部分组成：

颈部：胸锁乳突肌、斜方肌等。

胸部：胸大肌等。

上肢：肱二头肌、腕屈肌、指伸肌等。

下肢：阔筋膜张肌、缝匠肌、股直肌、股内侧肌、股外侧肌、趾长伸肌、腓肠肌、趾长伸肌等。

背部：背阔肌、臀大肌、斜方肌等。

下面简要介绍几个重要的骨骼肌：

斜方肌：起自上颈、枕骨、颈韧带的第7颈椎或前部胸椎的棘突，止于锁骨的外三分之一部分、肩峰和肩胛冈，呈三角形，具有使肩胛骨上提、上回旋、后缩或脊柱伸直的作用。

三角肌：位于肩部，呈三角形。起自锁骨的外侧段、肩峰和肩胛冈，肌束逐渐向外下方集中，止于肱骨三角肌粗隆。其前部收缩，可以使上臂屈或旋内；前部不收缩时，可使上臂外展到水平位置，并能使肩关节外展。

胸大肌：起自锁骨内侧、胸骨和第1～6肋软骨，止于肱骨大结节下方，呈扇形。其作用是促使上臂弯曲、收缩和旋内，以及与上臂靠拢上提躯干。

肱二头肌：连接肩胛骨和前臂的桡骨，收缩时前臂弯曲。肱二头肌靠近躯体的一部分分裂为两个部分。

由此可见，肌肉在人体运动中起杠杆作用，但在比例上，肌肉要比骨骼更长一些，只有个别手指上的肌肉较小。

了解人体结构，对于学习人物绘画是非常重要的。

3. 人体比例

人体比例是指人体或人体各个部位之间度量的比较，人体比例由于性别、年龄和种族的差异而有所不同。人体的结构比较复杂，但只要找准人体各个比例点，就可以大致了解人体的结构。

解剖学以头的长度为单位衡量普通人的高度，一般以七个半头为标准，如图1-3-4所示。一般成人人体的比例，东方人为七个到七个半头长之间，西方人则大概为七个半头长；理想的成人人体比例为八个或八个半头长。初生儿为三个头长，2岁为四个头长，6岁为五个头长，16岁开始接近七个头长，25岁后开始定型，如图1-3-5所示。由于老年人骨骼发生变化，躯干变短、椎骨扁平化及下肢弯曲等因素导致老年人的身高比例会有所变化。

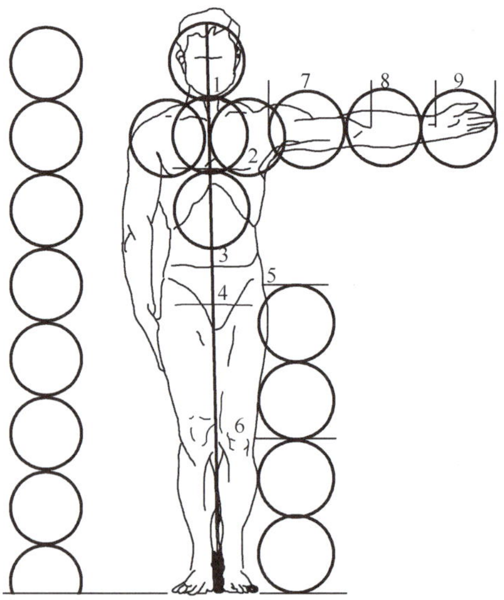

图1-3-4　人体比例图

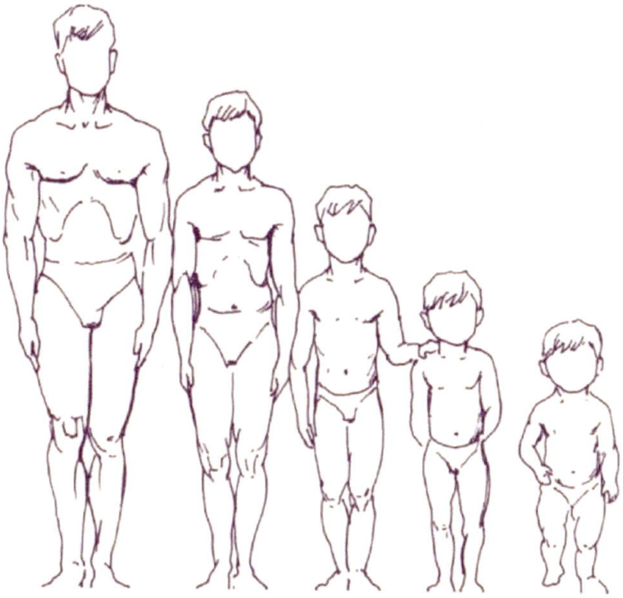

图 1-3-5　不同年龄人体比例变化

体型的变化不会影响人体的比例关系，只会引起视觉上的差异。人体的高度差异主要体现在下肢。中国古代有“盘三、坐五、立七”的说法，是对人体不同动态时比例的一种总结。成年男性和女性体型的差异主要表现为：男性的肩宽于髋部，肩宽为两个头长，髋宽为 1.5 个头长；女性肩部与髋部宽度大致相等；女性盆骨大于男性，但腰细于男性，如图 1-3-6 所示。

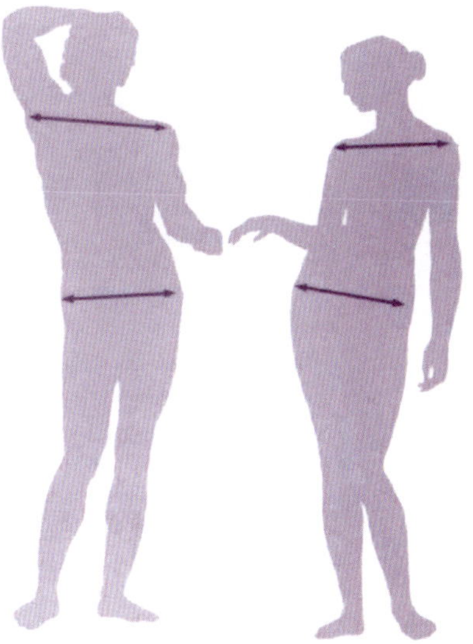

图 1-3-6　成年男性与女性体型的区别

不管着衣还是裸体，在写生过程中都可以利用块面表现对象的体积感，把握人体的结构关系，将人体的各个部位概括为几何形体。例如，以椭圆形或立方体概括头部，以鼓形或长方体概括胸腔，以圆柱形概括颈部和上下肢，以楔形或方形概括下颚、骨盆和足部。各大部位又可以再细分为多种几何体的组合，并根据动态的变化发生各种转变。

三、半身与全身人物速写步骤

1. 观察分析

先对所要描绘的人物对象的特征进行整体观察，感受动态特征，抓住其最具有表现力的地方。

2. 画动态线

动态线是由人体动作变化产生的。通常画人物动态时，可用中线、水平线等辅助线来把握人物动态变化。中线是一条贯穿身体且对称的垂线，当人物产生动态时，中线随着变化，并指向倾斜的方向。水平线主要是指两肩的连线和髋骨的连线。因此，利用动态线可以抓住大的部位，抓住关键的动势和动态的重心，如图 1–3–7 所示。

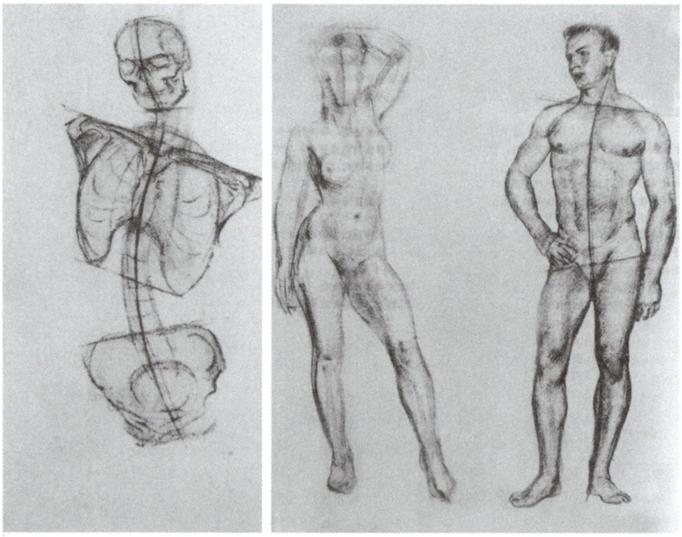

图 1–3–7　动态线

3. 精确勾勒

在动态线的基础上精确勾勒出人物的外部轮廓及面部五官的大致结构。注意抓住人体各个关键部位的结构关系，如头与肩、手臂与躯干、骨盆与腿、大腿与小腿的关节、小腿与脚的结合处。

4. 深入刻画

深入刻画人物最具有特征的部位，并强化它，这是生动表现人物形象的很好的方法。一般要突出表现人物的面部、手和脚的形态。

5. 调整统一

整体调整画面，使画面更加统一。

全身人物速写步骤示例如图 1-3-8 所示。

图 1-3-8　全身人物速写步骤图例

四、头像速写

头像速写的时间一般在 4 ~ 5 分钟。由于时间的限制，头像速写不能像长时间素描那样画得非常深入、细致且面面俱到，但要求画得概括、准确、生动，要把握对象的主要特征和精神面貌。

1. 五官速写

五官的刻画对形象塑造很重要，速写中的五官画法与素描写生相比较有其自身的特点。速写主要以线来刻画五官，作画时要注意看准五官的大小、位置及个性特征，放笔直取，抓住结构，达到既反映个性特征又生动传神的效果。

下面分别介绍眼睛、鼻子、嘴、耳朵的速写要点。

（1）眼睛

眼睛与眉宇之间是表情最重要的地方。画眼睛时，要把握眼球与眼眶的构成关系、内眼角与鼻梁的关系等，要将眼眶、眼球、眼睑作为一个整体刻画。一般内眼角低，外眼角高。两只眼睛的大小、眼神的方向要保持一致。眼珠要画出水晶体的质感。此外，眉毛不能简单地画一条黑线，要有虚有实。眼睛速写示例如图1–3–9所示。

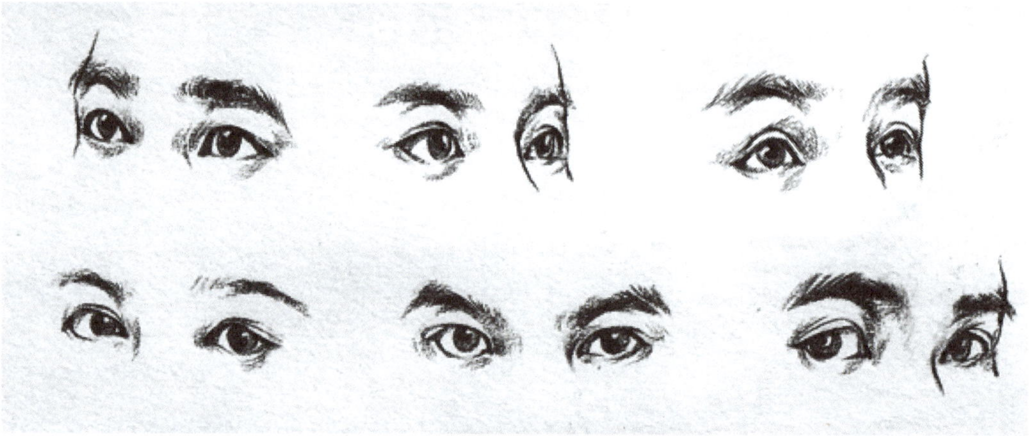

图1–3–9　眼睛速写示例

（2）鼻子

鼻子是脸部凸出的形体，有鼻骨、鼻翼等结构。画鼻子时，要注意结构块面之间的转折和虚实关系。鼻子速写示例如图1–3–10所示。

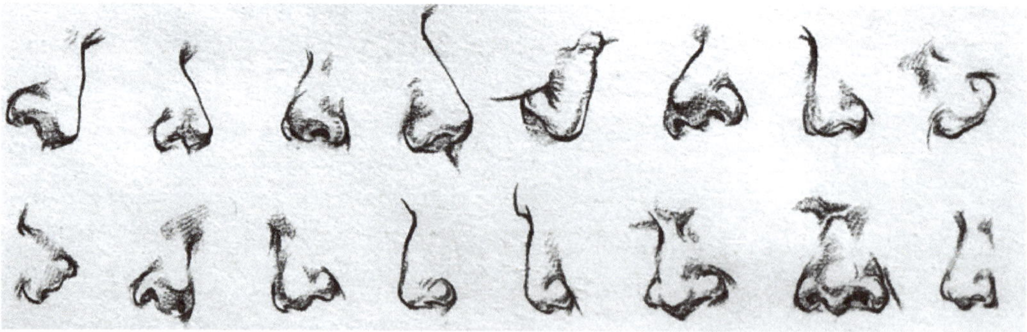

图1–3–10　鼻子速写示例

（3）嘴

画嘴时要注意嘴角与口缝要画得实一些，上下轮廓画得虚一些。同时，嘴角要和表情结合起来刻画。嘴速写示例如图1–3–11所示。

图 1-3-11　嘴速写示例

（4）耳朵

耳朵在头部两侧，刻画时要把握耳轮、耳屏、耳垂等结构，同时要把握好耳朵与鬓角的关系。耳朵速写示例如图 1-3-12 所示。

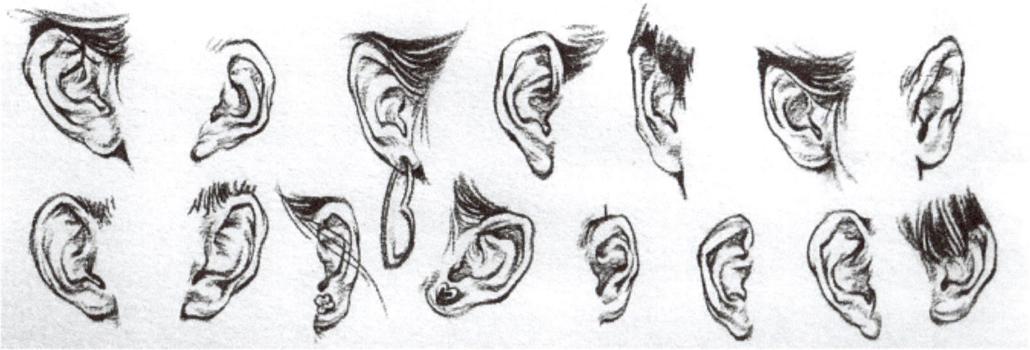

图 1-3-12　耳朵速写示例

2. 头像速写步骤

（1）观察分析

要从多个角度观察，既要近看，也要远看。不仅要了解速写对象的精神面貌，还要抓住其头部的基本形、五官特点、动态，获得最初的感受。观察分析后，选择最佳角度，确定表现方法。

（2）构图落幅

从整体关系出发，看大的形体特征、动态和比例关系。确定对象在画幅中的位置、角度，用长线、直线画出头部的基本形。要注意头、颈、胸三者之间的关系，如比例、动态、透视变化等。起稿过程要快、要准、要轻松，同时要注意整体协调及五官与脸部的透视关系，如图 1-3-13 所示。

图 1-3-13　构图落幅

（3）深入刻画

这一阶段非常重要，是创作者经过观察分析、深入研究后准确表现的过程，是自然形象转化为艺术形象的过程。

首先要理解结构，人的外部轮廓是由内部结构决定的，人的个性特点也是通过结构变化而显现出来的。因此，要由表及里地分析、研究结构特征，并结合对象的自身特点，抓住重点，有主有次地深入刻画。

画出大体关系后，要尽快抓住形体结构的转折处，如前额的正面与侧面的转折、颧骨的转折、下颌骨的转折等，这些是体现结构关系最丰富、最明确的地方。

五官的刻画非常重要，人的丰富表情是通过五官表现出来的。要紧紧抓住其特征，在调整好对象最佳情绪时重点刻画，力求准确生动。画头发时要分组进行，做到有深有浅、有紧有松。

总之，在深入刻画局部时，始终要与整体联系在一起，相互比较，并且把握画面的节奏感。

（4）调整统一

为使画面更加完整，写生基本完成后要进行调整，对画面的虚实、黑白、疏密、层次等进行再加工，使画面和谐统一，使形象准确生动、鲜明深刻，如图 1-3-14 所示。

图 1-3-14　深入刻画，调整统一

五、人物速写注意事项

1. 在速写过程中使用先“整体观察”再“局部刻画”后“整体收拾”的作画程序和方法。

2. 坚持“以形写神、寓形于神、形神兼备”的作画理念，认真分析每个人物的具体特征，避免人物刻画机械化。

3. 注意速写中线的表现力、线表达的情感内涵、线的造型功能。

六、速写作品欣赏

1. 头部

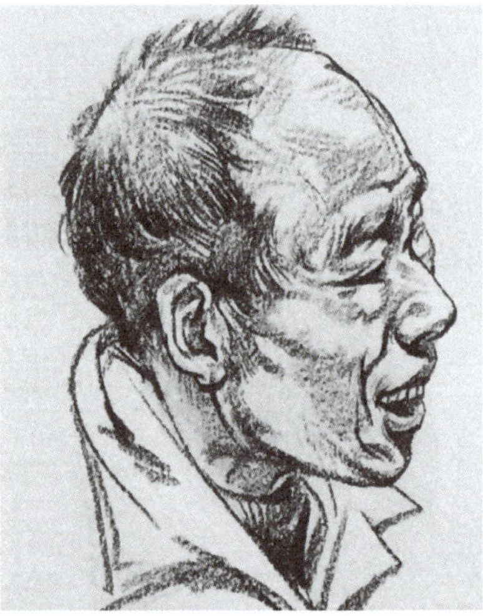

2. 手部

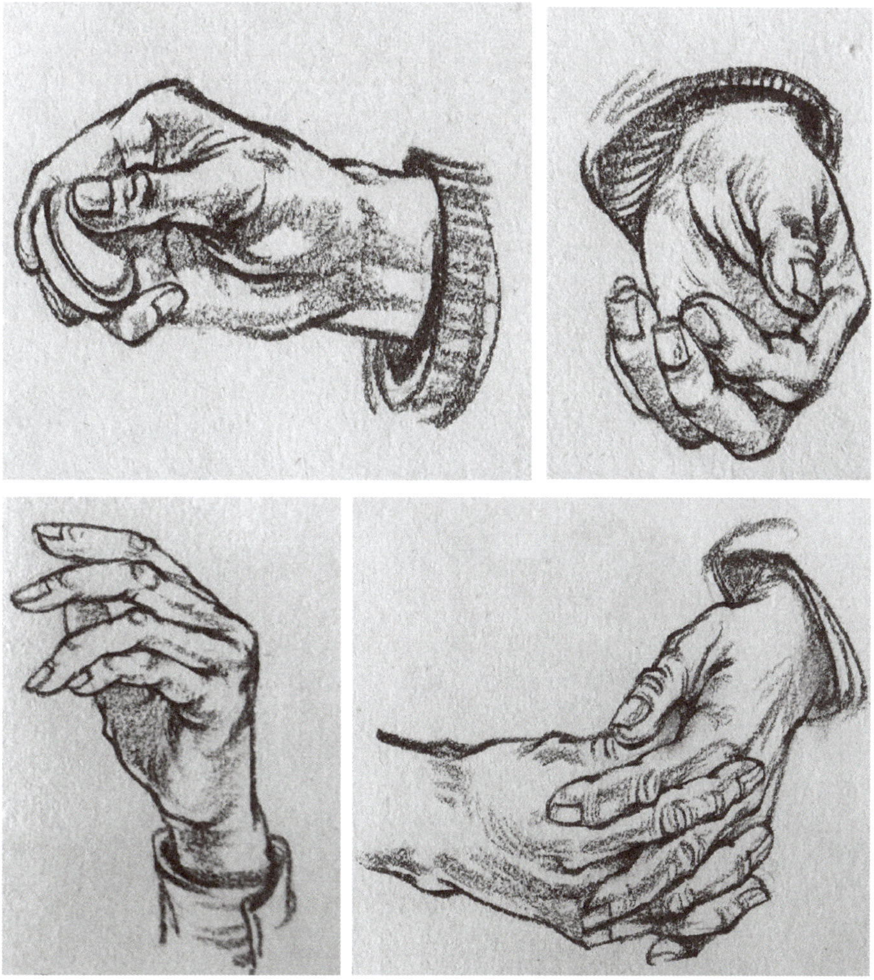

3. 脚部

4. 半身

5. 全身

第二章 色彩

色彩是人的视觉器官在光的刺激下将视觉信息传到大脑的视觉中枢而产生的一种反映。巧妙运用色彩，通过色彩的表现传神、写意，塑造艺术形象，能够更真实、准确、鲜明地表现生活和反映现实，使欣赏者受到感染、产生联想。

第一节　色彩基础知识

生活中不同质地、结构、受光角度的物体吸收和反射不同波长的光，光由人的眼睛传到大脑，形成了人们看到的各种颜色。

一、光线与色彩

色彩从根本上来说是光的一种表现形式，受光物体由于对光的吸收和反射能力不同而呈现出千差万别的颜色。

1. 光源色

光源决定了物体的色彩。从光源发出的光，由于其中所含不同波长的光的比例不同，因此表现出各种各样的色彩。光源分为自然光源和人造光源两类。自然光源如日光、月光等，人造光源如各种灯光、烛光、火光等。许多人造光源模仿自然光源，但却无法完全拥有自然光源中的各种色光，所以在人造光源下人们看到的物体会发生变色现象，如图 2–1–1 所示。普通灯泡发出的光含黄色和橙色波长的光多而呈现黄色，普通荧光灯发出的光含蓝色波长的光多则呈现蓝色。

光源中缺少蓝色色光　　光源中缺少绿色色光

图 2–1–1　变色现象

2. 固有色

固有色是指物体在常态光源下呈现出来的主要色彩。例如，常态光源下香蕉的固有色是黄色，如图 2–1–2 所示。

图 2–1–2　常态光源下的香蕉

3. 环境色

环境色是指在太阳光照射下，物体受到周围物体反射光影响所呈现的颜色。在现实生活中，物体不会孤立存在于一个独立的空间中。物体表面受到光照后，除吸收一定的光外，其反射的光也能照射到周围的物体上，对被照射物体的固有色产生影响。物体的材质不同，受环境色的影响也不同。在图 2–1–3 中，带有黄色倾向的暖白色是猫的固有色，受到蓝色背景的影响，猫的毛发呈现蓝色倾向的部分是猫的环境色。

图 2-1-3 猫的环境色

二、无彩色和有彩色

在色彩认知过程中，可将色彩分为无彩色和有彩色两类。无彩色和有彩色的概念是相对的。

1. 无彩色

黑、白、灰等与光谱色相差甚远的色彩称为无彩色。现实生活中没有绝对意义上的无彩色，通过仔细辨别会发现，可见的黑、白、灰中都有细微的光谱色色彩倾向。如图 2–1–4 所示的摄影作品就是利用无彩色的对比形成画面的特殊效果。

2. 有彩色

通常情况下，可被辨识出的与光谱色相似的色彩称为有彩色，如图 2–1–5 所示。

图 2-1-4 无彩色摄影作品

图 2-1-5 有彩色

三、三原色、三间色及复色

三原色又称为第一次色或基色，即用以调配其他色彩的基本色——红、黄、蓝。三原色纯度最高、最鲜艳，可以调配出绝大多数色彩，而其他颜色不能调配出三原色。

三间色是两个原色相调和产生的颜色。红 + 黄 = 橙、红 + 蓝 = 紫、黄 + 蓝 = 绿，橙、紫、绿就是三间色。在调配时，由于原色在分量多少上有所不同，所以能产生丰富的颜色变化。

复色是用原色与间色相调或用间色与间色相调而成的颜色，也称为三次色。如黄 + 橙 = 橙黄、橙 + 绿 = 棕（黄灰），橙黄、棕（黄灰）就是复色。复色是最丰富的色彩家族，包括了除原色和间色以外的所有颜色。

四、色彩的三要素

色彩具有色相、明度和纯度三种基本属性，色相、明度和纯度也称为色彩的三要素。

1. 色相

色相是指色彩不同的相貌，是一种颜色区别于另一种颜色的表象特征，是色彩名称的体现，如土黄、朱红、翠绿、普蓝等。最初的基本色相为红、橙、黄、绿、蓝、紫，在各色中间加插一两个中间色，其头尾色相按光谱顺序排列为红、橙红、黄橙、黄、黄绿、绿、绿蓝、蓝绿、蓝、蓝紫、紫、红紫，即十二基本色相。

按照光谱的顺序将各色相排列成圆环，即成色相环。色相环是使用色彩、搭配色彩的必要工具，理解色相环能够帮助我们揭示色彩间对比、搭配的基本规律。较为常见的色相环有伊顿 12 色色相环（见图 2-1-6）、24 色色相环（见图 2-1-7）等。

图 2-1-6　伊顿 12 色色相环

图 2-1-7　24 色色相环

2. 明度

色彩的明度是指色彩深浅明暗的程度，明度高则颜色亮，明度低则颜色暗。

在无彩色系中，白色明度最高，黑色明度最低。在有彩色系中，每种色相因波长不同，所感受的明度也不同。黄色明度最高，紫色明度最低。

根据孟塞尔色立体理论，明度的差别体现在：把明度由黑到白等分成九个色阶，凡明度在零度至三度的色彩称为低调色，四度至六度的色彩称为中调色，七度至十度的色彩称为高调色，如图 2–1–8 所示。

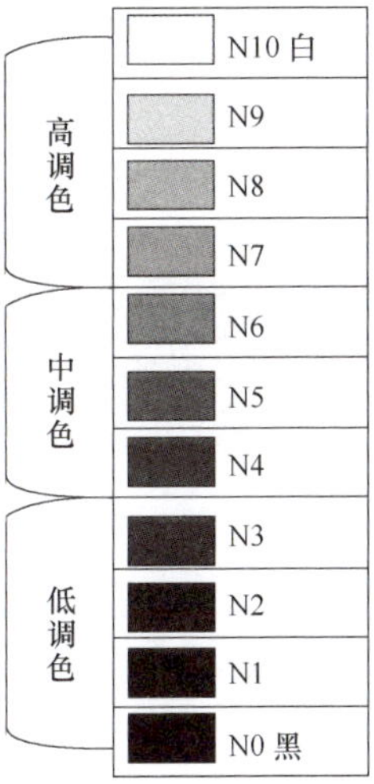

图 2–1–8　色彩明度

3. 纯度

色彩的纯度是指色彩的纯净、鲜艳、饱和程度，也就是在一种颜色中含有其他颜色多少的程度。纯度越高，色越纯、越艳；纯度越低，色越涩、越浊。纯色纯度最高，而黑、白、灰没有纯度。

根据色彩的纯度差异，画面主色调纯度倾向主要分为高纯度画面（高调）、中纯度画面（中调）和低纯度画面（低调），如图 2–1–9 所示。

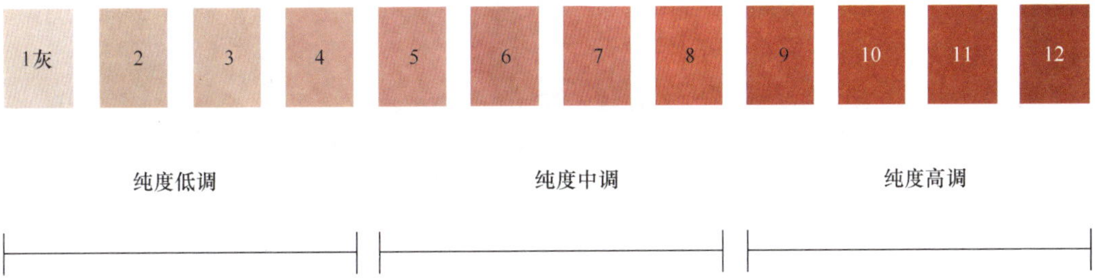

图 2–1–9　色彩纯度

高纯度画面的主色调整体纯度较高，主色调呈现鲜艳的色彩状态，如图 2–1–10 所示。长时间生活在高纯度的色彩环境中，容易产生疲劳感。

中纯度画面的主色调整体纯度适中，主色调与色相环中的原色相比纯度略低，与现实生活中的色彩接近，如图 2–1–11 所示。

低纯度画面的主色调整体纯度较低，主色调呈现明显的灰色倾向，如图 2–1–12 所示。

一般来说，色彩的明度变化也会影响色彩的纯度变化，但色彩的纯度高不等于明度也高。色彩的纯度越高，色相越明确，反之越弱。

图 2-1-10　高纯度画面

图 2-1-11　中纯度画面

图 2-1-12　低纯度画面

第二节　色彩运用技巧

色彩会影响人的感官适应能力，影响人的生理知觉、心理效应及情感反应。掌握正确的色彩原理，运用丰富的色彩技巧，能够使作品更精致、更具有艺术感染力。

一、色彩对比

两种以上的色彩，以空间或时间关系相比较，能表现出明显的差别，它们的相互关系被称为色彩对比。色彩间差别的大小决定其对比的强弱，所以说差别是对比的关键。在理解和使用色彩对比时，可以结合色彩的三要素进行分析，即色相对比、明度对比、纯度对比。

1. 色相对比

色相环上色相的距离越近，色彩对比越弱；距离越远，色彩对比越强。色相对比包括五类：同类色对比、邻近色对比、对比色对比、互补色对比、无彩色与有彩色对比。

（1）同类色对比

同类色是指在色相环上相距 0° ～ 60° 的色相关系，如红色类的朱红、大红、玫瑰红、夕阳红等。同类色对比是指同一种色相的不同明度或不同纯度变化的对比，它是色相中最弱的对比。在图 2–2–1 中，水面与天空的不同蓝色形成同类色对比关系。

（2）邻近色对比

邻近色是指在色相环上相距 60° ～ 120° 的色相关系，如紫红、红、朱红等。邻近色色相性质相近，对比适中。邻近色对比属于中弱对比。与同类色对比相比，邻近色对比显得统一中有变化、变化中不失和谐，如图 2–2–2 所示。

图 2–2–1　同类色对比

图 2–2–2　邻近色对比

（3）对比色对比

对比色是指在色相环上相距 120° ～ 180° 的色相关系。对比色色相对比强烈，视觉效果鲜亮，属于中强对比，如图 2–2–3 所示。在调色板上将对比色进行混合，色彩变化更为明显。

图 2-2-3　对比色对比

（4）互补色对比

互补色是指在色相环上相距近 180° 的色相关系。互补色对比是指红与绿、黄与紫、蓝与橙等具有互补色关系的色彩彼此并置，如图 2-2-4 所示。互补色对比属于色相中最强烈的对比关系。互补色对比效果更加完整、充实、活泼、生动，更富有刺激性，但缺点是画面显得过于直白，不含蓄、不雅致，过分刺激容易产生视觉疲劳。互补色对比适用于远距离的设计，如街头广告、标志、橱窗、商品包装等。

图 2-2-4　互补色对比

（5）无彩色与有彩色对比

因与有彩色的明度差异不同，无彩色与有彩色的色相对比强弱也不相同。画面中运用明度差异大的无彩色与有彩色搭配，属于强烈的色相对比关系，如图 2-2-5 所示；反之，明度接近，则色相对比关系弱。

图 2-2-5　无彩色与有彩色对比

2. 明度对比

色彩间明度差别的大小，决定明度对比的强弱。

明度在三度差以内的对比称为明度弱对比，又称为短调对比。明度弱对比画面中色彩明度距离接近，适合营造朦胧、虚幻的氛围，如图 2-2-6 所示。

图 2-2-6　明度弱对比

明度在三度至五度差的对比称为明度中对比，又称为中调对比。明度中对比画面中色彩明度距离适中，产生的色调关系柔和、稳定，是三种对比中最适合营造和谐氛围的对比，如图 2-2-7 所示。

明度在五度差以外的对比称为明度强对比，又称为长调对比。明度强对比画面中色彩明度距离较远，此时对比关系最为强烈，如图 2-2-8 所示。

图 2-2-7　明度中对比

图 2-2-8　明度强对比

在明度对比中，如果其中面积最大、作用也最大的色彩或色组属于高调色，和另外色的对比为长调对比，那么整组对比就称为高长调。用这种方法可以把明度对比大体划分为高长调、高中调、高短调、中长调、中中调、中短调、低长调、低中调和低短调九种，如图 2-2-9 所示。

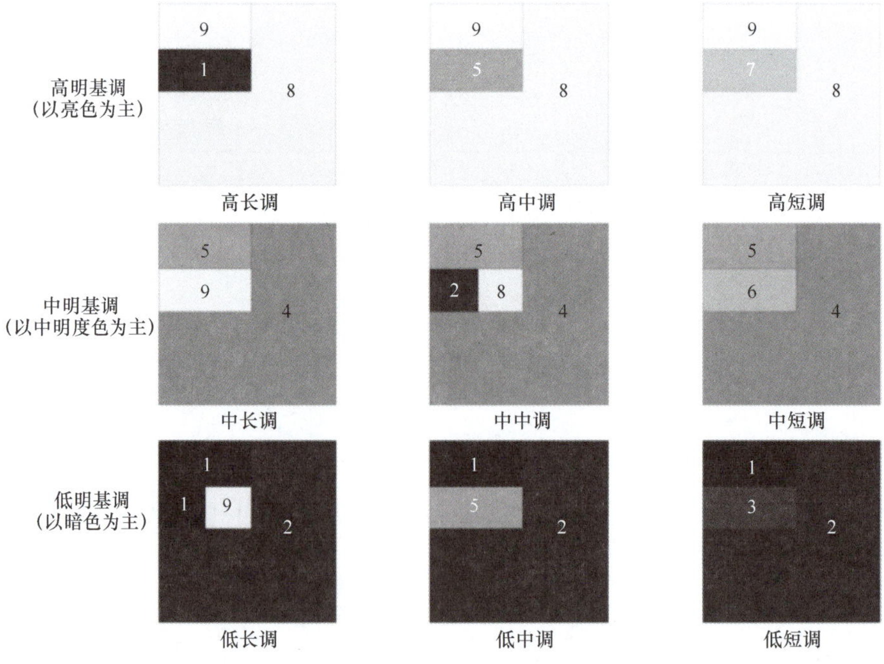

图 2-2-9　明度对比分类

由于明度倾向和明度对比程度不同，这些调子的视觉作用和感情影响均各有特点，如图 2-2-10 所示。高长调可以由黑、白、灰三色构成，有强烈丰富的效果。中短调具有如梦似的薄雾感，显得含蓄、模糊而平板。低长调较强烈，有爆发性，具有苦恼和苦闷感。低短调则薄暗、低沉，具有忧郁感。一般来说，高调愉快、活泼、柔软、弱、辉煌、轻，低调朴素、丰富、迟钝、重、雄大、有寂寞感。

图 2-2-10　明度对比示例

3. 纯度对比

纯度对比是指因色彩纯度差别而形成的对比。在色相、明度相同的条件下，纯度差别越小，柔和感越强；反之，纯度对比越强烈，艳丽、生动、活泼的感情倾向越明显。纯度对比不足时，往往会给人粉、脏、灰、黑、闷、单调、软弱、含混等感觉；而纯度对比过强时，则会给人生硬、杂乱、刺激等感觉。

画面的纯度对比主要分为纯度强对比（长调）、纯度中对比（中调）和纯度弱对比（短调）。纯度强对比是指画面中主体形象色彩与背景色彩的纯度差别明显，如鲜与灰的对比，如图 2-2-11 所示。纯度中对比是指画面中主体形象色彩与背景色彩的纯度差别适中，如图 2-2-12 所示。纯度弱对比是指画面中主体形象色彩与背景色彩的纯度接近，如灰与灰的对比，如图 2-2-13 所示。

纯度对比能够使鲜艳的色彩更加鲜艳。例如，通过降低图 2-2-14a 画面背景的色彩纯度，使主体与背景的纯度对比增强，此时苹果色彩更为明确、艳丽（见图 2-2-14b）。

图 2-2-11　纯度强对比

图 2-2-12　纯度中对比

图 2-2-13　纯度弱对比

a)　　b)

图 2-2-14　纯度对比使鲜艳的色彩更加鲜艳

4. 冷暖对比

色彩的冷与暖是指个人在生理、心理以及固有经验等多方面因素作用下形成的对色彩的温度感受。在七色光谱色中，红色、橙色、黄色属于暖色的范畴，绿色、青色、蓝色、紫色属于冷色的范畴。色彩的冷暖感觉是人们在长期生活实践中由于联想而形成的。红色、橙色、黄色常使人联想起东方旭日和燃烧的火焰，因此有温暖的感觉，所以称为暖色，如图 2-2-15 所示。蓝色、白色常使人联想起蓝天、冰雪，因此有寒冷的感觉，所以称为冷色，如图 2-2-16 所示。

色彩的冷暖是在画面上比较出来的。冷与暖是对立统一的，没有暖便没有冷，没有冷便无所谓暖。色彩中的冷暖并不是绝对的，而是相对的，如图 2-2-17 所示。

图 2-2-15　暖色

图 2-2-16　冷色

图 2-2-17　色彩冷暖的相对性

二、色彩调和

关于色彩调和有两种解释：一种是指有差别的、对比的色彩，为了构成和谐统一的整体，所进行的调整与组合的过程；另一种是指有明显差别的色彩或不同的对比色组合在一起，形成不带尖锐刺激的和谐与美感并存的色彩关系，这个关系就是色彩的色相、明度、纯度之间的组合“节律”关系。

色彩调和的一般方法有以下几种：

1. 连贯调和

连贯调和是指当画面中使用的色彩过分强烈或色彩含混不清时，运用中性色黑、白、灰、金、银或同一色线，对形象的各个色域进行勾勒，使之既相互连贯又相互隔离，从而达到统一调和，如图 2-2-18 所示。

2. 秩序调和

秩序调和是把不同明度、色相、纯度的色彩组织起来，形成渐变的、有条理的或等差的、有韵律的画面效果，使原本对比强烈的、刺激的、杂乱无章的、自由散漫的色彩关系变得有条理、有秩序，如图 2–2–19 所示。

图 2–2–18　连贯调和

图 2–2–19　秩序调和

3. 面积调和

面积调和是指通过色彩面积的增大或减少来达到调和，如图 2–2–20 所示。双方面积悬殊越大，调和感越强。面积对比的加强，实际上是在增加一个色素分量的同时减少另一个色素分量，从而起到对色彩的调和作用。

图 2–2–20　面积调和

三、色彩联想

当人们看到某种色彩时，常会把这种色彩和生活环境或生活经验中有关事物联系在一起，这种思维倾向称为色彩联想。色彩联想与民情风俗、生活环境、社会环境等因素有较大关联。色彩联想可分为具象联想与抽象联想，见表 2–2–1。

表 2–2–1　色彩联想

联想 色相	具象联想	抽象联想
红	火、血、太阳、苹果、心脏	热情、喜庆、危险、温暖
橙	橘子、晚霞、秋叶	积极、快乐、活力、明朗

续表

色相＼联想	具象联想	抽象联想
黄	香蕉、黄金、黄菊	明快、活泼、不安、光明
绿	树叶、草坪、山林	新鲜、安全、理想、希望、环保
蓝	海洋、湖泊、蓝天	沉静、理智、开朗、自由
紫	葡萄、茄子、紫罗兰	高贵、优雅、神秘
褐	木头、咖啡	自然、朴素、沉稳、老练
白	白雪、白云、冰块、婚纱	纯洁、虔诚、神圣、柔弱、脱俗
灰	水泥、阴天、砂石、冬季、钢铁	消极、失望、空虚、稳重、实在
黑	夜晚、黑板、墨汁、煤炭	死亡、恐怖、邪恶、孤独

这些色彩的联想经过多次反复，几乎固定了它们专有的表情，于是该色就变成了该事物的象征。

其中，红是火的色彩，象征热情奔放。在我国，喜庆的日子用红色，红色还代表了革命。另外，红色又象征着危险，因此红色被应用为交通信号的停止色、消防车的颜色等。有时红色也给人恐怖的感觉。

黄色是明亮和娇美的颜色，有很强的光明感，象征高贵、神圣、权威，为中国封建帝王的专用色。黄色还象征丰收，意味着光明和希望。植物的衰败、枯萎也与黄色相关联，因此黄色又使人感到空虚、贫乏和不健康。

橙色兼有红色与黄色的优点，明度柔和，使人感到既温暖又明快。一些成熟的果实往往呈现橙色，富有营养的食品（如面包、糕点等）也多是橙色。因此，橙色易引发营养、香甜的联想，是易于被人们所接受的颜色。而在某些特定的国家和地区，橙色又与欺诈、嫉妒有联系。

蓝色具有沉静和理智的特性，恰好与红色相对应，在西方表示身份高贵。蓝色可以使人联想到蔚蓝的大海和晴朗的天空，是自由、祥和的象征。有时蓝色又是绝望的同义词，所谓“蓝色音乐”就是悲伤的音乐。

绿色具有蓝色的沉静和黄色的明朗，意味着生长，充满生命活力，是青春的象征。绿色又代表安全通行信号，生活中都用来象征和平与安全。

明亮的紫色可以产生妩媚、优雅的感觉，它既蕴含红的个性，又有蓝的特征。北欧一些国家通常把紫色作为美丽、高贵、尊敬与友谊的象征。但紫色有不稳定特性，给人不安的凄怆感，有阴暗、悲哀、险恶等意味。紫色还可表示迷信、不幸、不祥之意。

黑色是死亡的象征，欧洲民族习惯以此色表示哀悼。黑色在给人留下没落、黑暗、无生气的印象的同时，又使人感到稳重、安静、庄重、坚毅。

白色意味着纯洁，象征和平、神圣、洁净。

四、色彩的配置方法

色调是指一幅画面总的色彩倾向。每一种色调中的颜色均可以有色相、明度、纯度及色性的变化，使色彩更加丰富。在调配一幅图案的颜色之前，首先要对图案的色调有一个总体的构想，确定大的色彩基调，具体的颜色搭配都应与基调的构想呼应。

1. 同类色配置

同类色一般是指单一色相系列的颜色，如黄色系、绿色系等。在图案中使用同类色配置，画面主调明确，效果协调、柔和，总体色调调和、统一，又有微妙变化，如图 2–2–21 所示，但容易使画面显得平淡、单调。

图 2–2–21　同类色配置

2. 邻近色配置

邻近色因色相相距较近，也容易达到调和，而且色彩的变化要比同类色丰富。邻近色配置较同类色配置更显安定、稳重的同时又不失活力，如图 2–2–22 所示。

3. 对比色配置

对比色的效果活泼、刺激、变化丰富，在应用时要注意色彩的调和与统一，如图 2–2–23 所示。互补色组合的色组是对比最强的色组，给人刺激、不安定的感觉。

图 2-2-22　邻近色配置

图 2-2-23　对比色配置

配色时可通过以下色彩搭配方法来缓和过于激烈的对比。

（1）降低纯度

对比色配置在颜色纯度较高时对比效果比较强烈。如果将对比色一方或几方纯度降低，如加入灰色或将对比色彼此少量互调，可使色彩变得含蓄、温和，达到既变化丰富又和谐统一的效果。如图 2-2-24 所示，右侧图片通过降低对比色纯度，使画面色彩关系更含蓄。

图 2-2-24　降低纯度

（2）调整面积

对比色在面积较大而均等时往往对比最强烈。如果将一种对比色作为主色，大面积使用，其他对比色作为辅色，小面积点缀，可以使对比减弱，达到统一。也可以将对比色分割成较细小的面积并置使用，从而达到统一。如图 2-2-25 所示，右侧图片通过调整对比色在画面中的面积，统一了画面色彩关系。

图 2-2-25　调整面积

（3）无彩色调和

在对比色配置中运用黑、白、灰等无彩色，将对比色间隔开，是使对比色达到协调统一的有效手法。如图 2-2-26 所示，右侧图片利用无彩色将对比色间隔开，使对比色达到协调统一。

图 2-2-26　无彩色调和

第三节　写生色彩与装饰色彩

从色彩学角度来看，写生色彩与装饰色彩只是表现方法不同，不存在本质的区别。写生色彩更注重描绘物体色彩的真实感，强调客观性，追求色彩的细致变化，强调光源色、环境色、固有色之间的色彩倾向及冷暖变化。而装饰色彩有很强的主观性，它突破自然色彩的限制，使之概括、夸张，更具象征性。

一、写生色彩

写生色彩从客观真实的角度观察、分析和再现色彩关系，它不仅研究物体的固有色，而且整体地表现物体在光照下的所有色彩的整体关系，侧重于绘画基本造型规律。因此，评价一幅写生色彩的绘画作品，主要看它是否准确、真实、生动地表现出对象的色彩关系。写生色彩的绘制训练能够全面培养与提高创作者的色彩感觉能力，使其站在更高的层次去感受、欣赏装饰色彩。

1. 写生色彩的观察方法

（1）整体观察

把物体的固有色与光源色、环境色作为统一整体进行观察、比较，从色彩诸多的相互联系中去观察色彩，在整体中寻找变化，在变化中求得统一，把握色彩的倾向，确定主色调。

（2）比较观察

色彩是相比较而存在的，没有冷色就没有暖色，没有纯色就没有灰色，没有暗色就没有亮色。在绘画过程中，初学者往往抓不住色彩的微妙变化，不能发现色彩之间诸多的矛盾关系，总是依据自己的固有观念，将物体的色彩简单化。正确的观察方法是让视线在观察中游走于色块之间，捕捉色彩变化，在比较中确立色彩关系。

（3）理解观察

绘画中只强调感觉还不够，还要深入地研究理论、把握规律，同时要把书本上的理论与实际观察结合起来，把观察到的色彩进行提炼概括和艺术加工。绘画不是单纯的模仿，在观察对象时每个人的感受不同，要学会用艺术的眼光去观察、感受绘画对象。

2. 写生色彩应用——水粉画

（1）水粉

水粉是水粉颜料的简称，是用来绘制水粉画的绘画颜料。它是由粉质的材料组成，用胶固定，覆盖性比较强，也称为广告色、宣传色等。水粉颜料由各种着色剂、填充剂、胶固剂、润湿剂、防腐剂等结合剂组成。

水粉颜色种类分为：

黄色系：淡黄、柠檬黄、中黄、橘黄、土黄、深黄。

红棕色系：大红、朱红、橘红、土红、玫瑰红、深红、赭石、熟褐。

绿色系：黄绿、淡绿、粉绿、翠绿、中绿、草绿、橄榄绿。

蓝紫色系：天蓝、湖蓝、钴蓝、群青、普蓝、紫罗兰、青莲。

优质水粉颜料膏体细腻，色彩饱和鲜艳，不脏不灰，稠度适中，无结块，无渗胶。

要使用好水粉就必须充分掌握水粉颜料的个性，了解它受色能力的强弱、覆盖能力的大小和色阶的高低。

（2）水粉画的基本技法

由于水粉颜料有较强的遮盖力，造价低，便于携带，因此非常适合初学者写生使用。水粉画的基本技法有以下两种：

1）干画法。干画法用水较少，色彩可厚可薄，使用较干的颜色相互覆盖，有油画的塑造感。干画法适合表现明确、清晰的块面，但作画时要注意不可太厚，否则会出现脏、腻的效果。

2）湿画法。湿画法用水较多，颜色较薄，干得较慢，色彩相互融合，显得含蓄、柔和。写生中画暗部多用此方法，薄而透明。湿画法要一气呵成。

以上是水粉画的两种画法，实际写生中可根据对象的不同特点，将两种画法巧妙地结合起来。初学者可采取先湿后干的画法。表现松软、充满水分的物体用湿画法，表现质地粗糙、坚硬的物体用干画法。

（3）水粉画的基本笔法

1）摆：用明显的笔触在画面上一笔一笔地塑造物体的变化，用笔肯定，笔触结实有力，衔接自然，如图 2–3–1 所示。此法多用于表现物体的亮灰面和结构转折清晰的部位。

2）涂：用大号画笔饱蘸用水稀释后的颜色，快速地画到画面上，如图 2–3–2 所示。此笔法适合铺面积较大的色块和背景，一般在铺第一遍色时使用较多。

图 2–3–1　摆

图 2–3–2　涂

3）扫：用较干的画笔蘸较干的颜色在画面上轻扫，如图 2–3–3 所示。此法多用在画面即将完成时，目的是增加画面厚度和层次感。

4）揉擦：用笔毫较硬的画笔蘸颜色在画面上稍用力揉擦，如图 2–3–4 所示。此法多用在背景和暗部，以达到自然衔接的目的。

图 2-3-3　扫

图 2-3-4　揉擦

5）勾勒：利用笔的中锋或侧锋勾形、画线，如图 2-3-5 所示，一般只在起轮廓或者强调某些关键的部位时才使用。

6）点：用较小的画笔一笔一笔地点出笔触，如图 2-3-6 所示，多用于表现物体琐碎的细节，如花朵中的细小叶蕊、物体的高光等。

图 2-3-5　勾勒

图 2-3-6　点

7）蹭：在原有底色的基础上，用笔毫较硬的画笔蘸较少、较干的颜色蹭出不明显的笔触，如图 2-3-7 所示。

8）渲染：在纸面或底色较湿时，涂上一种或多种颜色，让颜色自然渗化、融合，如图 2-3-8 所示。此法适合画朦胧的背景。

图 2-3-7　蹭

图 2-3-8　渲染

（4）水粉静物写生步骤

1）观察感受。写生之前不急于动笔，要对物体做全面的色彩分析，捕捉最初的色彩感觉，确定主色调、画法。最好先画一个小色彩稿，不一定很细，但要记录下大的色彩关系。

2）画铅笔稿。用铅笔画出静物的基本轮廓和结构特征。用笔要准确，构图要舒服，这是一幅画成功的基础。熟练者可用稍小号的水粉笔调淡褐色或淡蓝色直接起稿，不画黑白调子，但要画出明暗转折线。

3）画大色块。要把握整体，从暗部开始画大的色块，水分要多，画得要薄，然后从明暗交界线逐步向亮面过渡。这一阶段要抛开细节，用较大的笔画出静物、台面、背景之间的色彩关系，要把握整体，力求准确，如图 2-3-9 所示。

4）深入刻画。画好大色块之后，即可进行深入刻画，从主体部分开始，逐步塑造每一个细部。一般来讲，暗面色彩要薄而透，色彩变化不宜过多；亮面色彩画得可稍厚一些，颜色要丰富、变化多。深入塑造时要注意局部与整体之间的关系，要画准形体结构、质感和空间感。作画过程应是先薄后厚，先深后浅，先湿后干。色块衔接要自然。

5）调整统一。深入刻画完每一个细部之后，会出现整体不协调的现象。为加强画面的整体效果，必须对画面的明暗、冷暖、虚实、空间、质感等进行全方位检查，并做相应的调整，或加强，或减弱，最后完成作品。检查时可将画面放得稍远一些，这样更容易观察整体效果，如图 2-3-10 所示。

图 2-3-9　画大色块

图 2-3-10　调整统一

二、装饰色彩

装饰色彩是有别于写生色彩的色彩表现方法，用途十分广泛。它更加强调主观性，为了美化形象可突破自然色彩的限制，使画面更概括、更美观、更浪漫、更理想化，更符合形式美的规律，更具有象征性和装饰性。装饰色彩致力于概括、归纳、提炼、研究各种类别和各个层次色彩的对比与调和关系，强调能动地处理和理性地策划色彩的能力。

装饰色彩的搭配具有极强的目的性，是一个非常具体的、创造性的审美过程。一般而言，黑、白、灰最能体现优雅、理性、高贵、神秘的气质，将此三色艺术化搭配，简单中蕴藏着无穷变化。高明度和纯度的色彩体现暖、轻、动、近、大、兴奋、华丽等，反之，则体现冷、重、静、远、小、沉静、质朴等。在装饰色彩中，要充分利用色彩的情感效应来调节、改善视觉效果，利用膨胀收缩、远近大小等错觉来调整画面。

三、装饰色彩作品欣赏

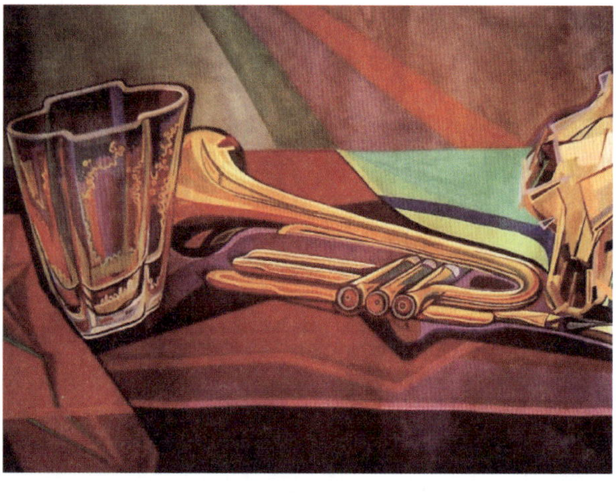

第三章 简笔画与卡通画

简笔画与卡通画是用线条的方式，抽象概括地将物体的轮廓形态描绘出来的绘画方法。由于简笔画与卡通画简单易学，所以成为幼儿教师指导美术活动的常用技法之一。

第一节 简 笔 画

简笔画是将动植物等形象进行简化，用较少的线条简略概括地勾画出物体的基本形状和主要特征，简明扼要地表情达意的绘画形式。简笔画具有作画快捷、形象单纯、特征鲜明、易识易记、应用简便的特点。

一、简笔画的造型原理

世间物体不管其结构多么复杂、细节多么烦琐，都可以归纳为简单的基本形。用方形、三角形、圆形、线形和组合形等表现物体的基本特征，是简笔画的造型基础。

例如，家具、房屋、车辆等由垂直线和水平线构成外框轮廓的物体，都可以直接用正方形或长方形画出它们的形象。边缘凹凸不平或外形不规则的物体，同样可以根据其形象，用梯形、菱形、平行四边形等变异方形概括地表现它们的形象。由三条主要边线构成外框轮廓的物体，应根据其外形特点分别用直角三角形、钝角三角形或锐角三角形简略地画出它们的形象。太阳、球类可用正圆形概括，禽兽、瓜果可用椭圆形概括，月亮、拱桥等物体形象则可画成半圆形。凡是能感知为线形的物体都可以用线条表现，如树枝、须发等。动物、人物也可以依据其骨骼结构，用单线画出不同的动态或静态。结构复杂的物体，可根据各主要部分的形象特点，用各种基本形组合成完整形象。

二、简笔画的分类

简笔画可以粗略地分为图形式简笔画和线式简笔画。开始练习绘制简笔画时，可以从图形式简笔画开始，因为它相对容易掌握。

1. 图形式简笔画

图形式简笔画运用的是高度概括的艺术手法。创作时，主要通过观察、分析和概括物体，尝试将形象去繁就简，将各部分概括归纳成不同的图形，最后将其构建在一起，完整呈现物体的简单特征。例如，在绘制图 3–1–1 所示的电视的简笔画时，首先要观察电视的基本形状和结构，其次在头脑中将各结构概括成图形，最后将它用简笔画形象表现出来。通过多次反复练习，可以很快掌握绘制图形式简笔画的技巧。

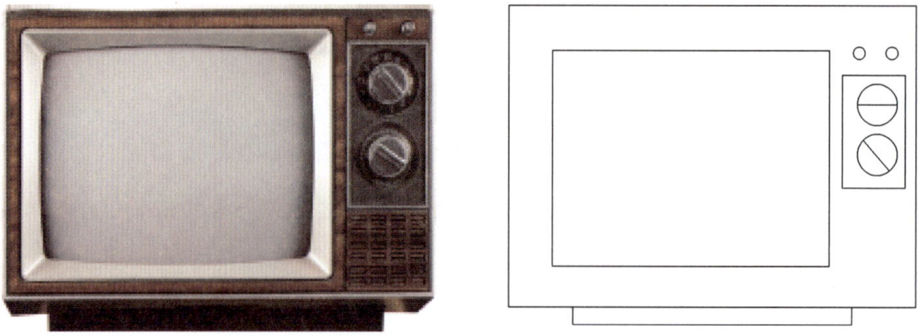

图 3–1–1　图形式简笔画

需要注意的是，在绘制图形式简笔画时，要先画出物体的主要部分或起支撑作用的部分，然后再画细碎的部分，如图 3–1–2 所示。

图 3-1-2　图形式简笔画的绘制步骤

2. 线式简笔画

线式简笔画主要以骨线突出表现物体姿态，再以规则图形或仿生图形甚至不规则图形辅助描绘形象，常用于表现动物或人物，如图 3-1-3 所示。

图 3-1-3　线式简笔画

三、简笔画的绘画要点

1. 抓住细节，突出个性特点

绘制简笔画时，要注意观察，抓住细节。例如，马与驴、羊与鹿、鹅与鸭等动物，整体结构没有大的差异，主要区别在于耳、颈、头、尾等大小、粗细与长短的不同，绘制时要注意表现并强化差别，以突出各自的个性特点。

2. 用好动态线，把握动态特点

人物和动物常处在活动中，其各种动态常以关节和骨骼为轴，将这些关节和骨骼连成线，就能很好地反映绘画对象的动态趋势。在简笔画中，常以头颈、躯干及有力的腿所形成的连线为动态线，来体现动作特点和形体运动趋势。

四、简笔画作品欣赏

1. 日用品简笔画

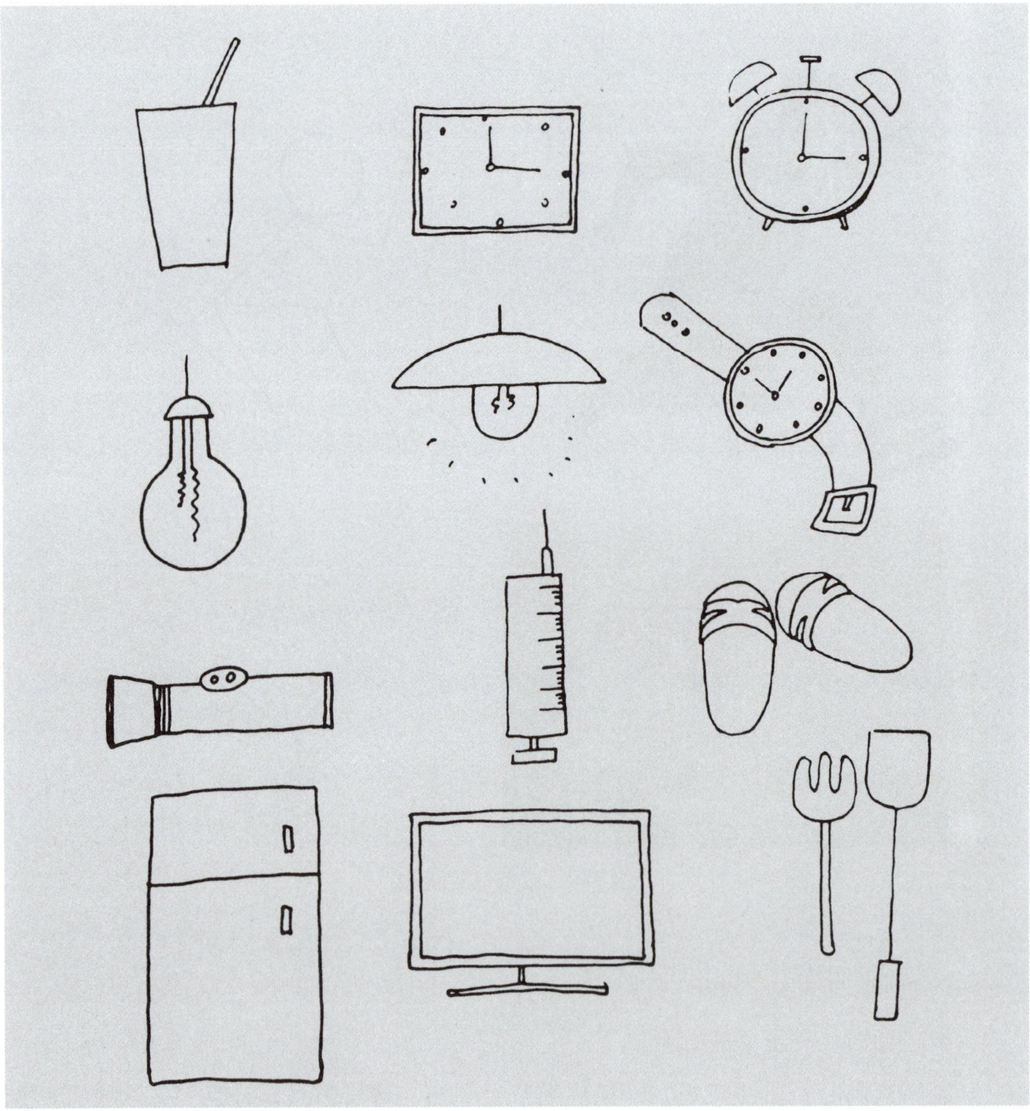

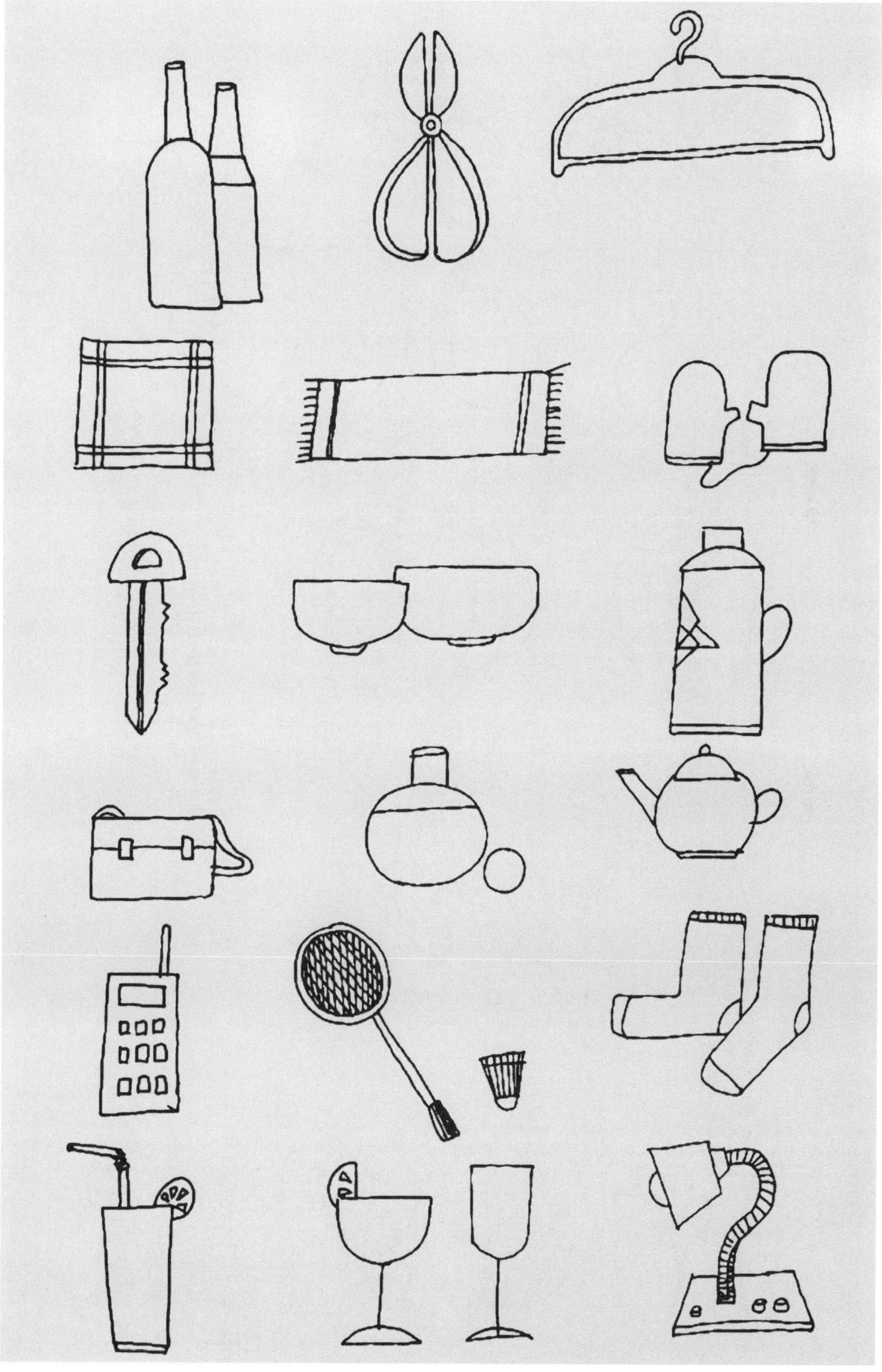

2. 水果、蔬菜简笔画

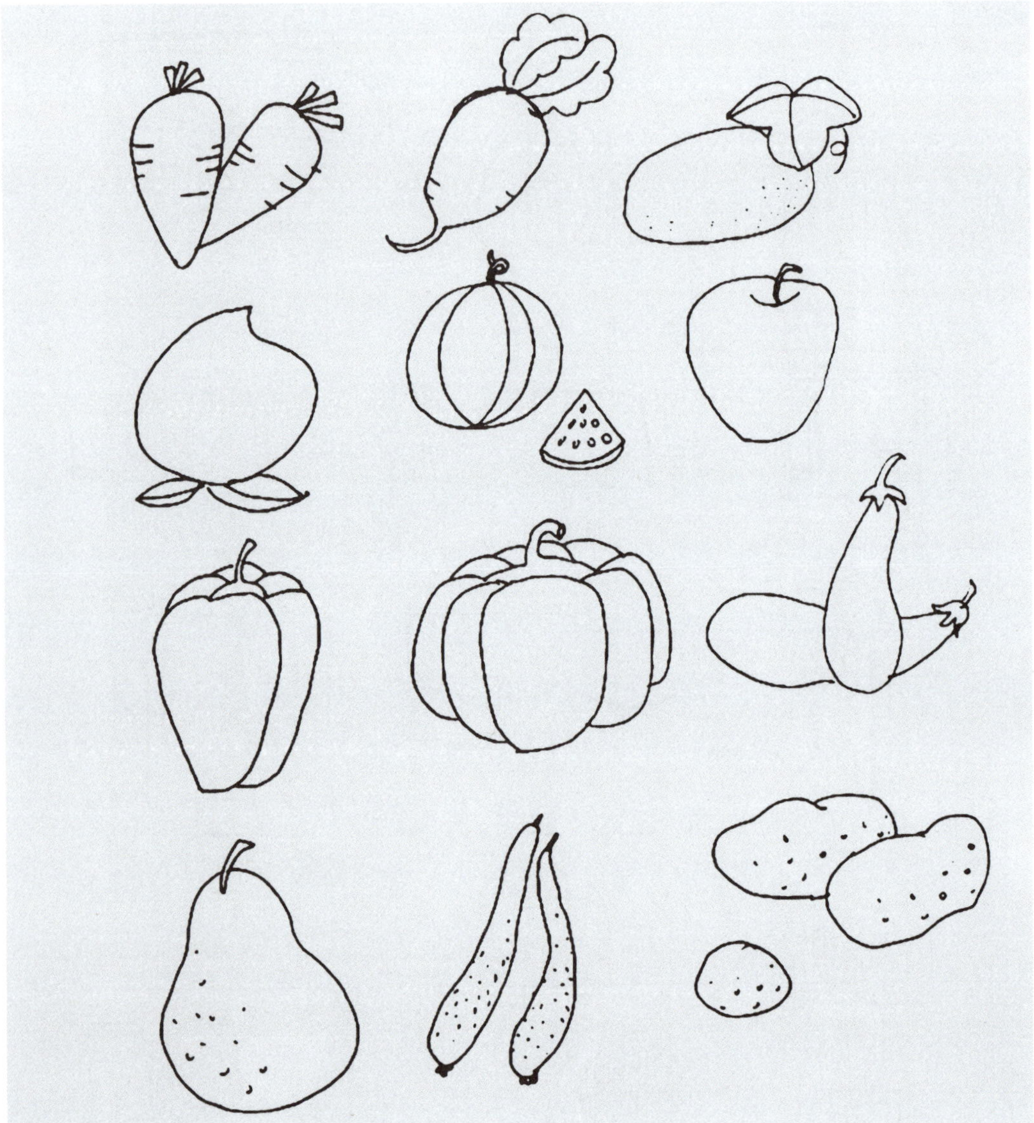

3. 植物简笔画

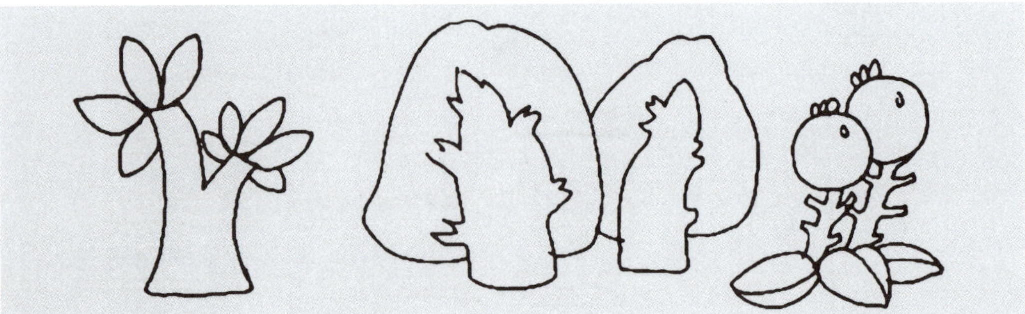

4. 动物简笔画

第二节　卡　通　画

卡通画同样用线来表现对象，但比简笔画多了一些带有作者个人风格的夸张变形处理，强调物体的拟人处理，易让儿童产生亲切感。卡通画变化丰富、生动活泼、趣味性强，深受儿童喜爱。

一、卡通画的学习方法

1. 开始学习卡通画时，以临摹为主，在临摹过程中分析理解卡通画造型规律，对各种不同的表现技法进行分析研究，从而找到自己所喜爱的方法。

2. 按自己所喜爱的卡通画表现方法，如夸张、变形等手法，进行卡通画创作。创作过程中要认真思考、敢于尝试，并重点解决以下问题：如何进行夸张，对哪些部位进行夸张；如何拟人；采用哪种装饰的技法，装饰哪些部位。

3. 在练习卡通画创作的时候，要综合应用简笔画绘制技法，可以用已有的简笔画形象进行转化练习。

二、卡通画的创作技法

1. 拟人

拟人是指赋予非人类的物体以人的特征，用以表现非人类物体的心理活动、思维过程、价值取向或行为活动等。

（1）五官拟人（见图 3-2-1）

图 3-2-1　五官拟人

（2）动作拟人（见图 3-2-2）

图 3-2-2　动作拟人

（3）发型拟人（见图 3-2-3）

图 3-2-3　发型拟人

（4）服饰拟人（见图 3-2-4）

图 3-2-4　服饰拟人

2. 夸张

夸张能增强卡通画的幽默感和趣味性，它是根据创作需要，强调物体的某一方面的特征，如将圆的变得更圆、方的变得更方、长的变得更长、胖的变得更胖、瘦的变得更瘦的一种技法。

（1）表情夸张（见图 3-2-5）

图 3-2-5　表情夸张

（2）动作夸张（见图 3-2-6）

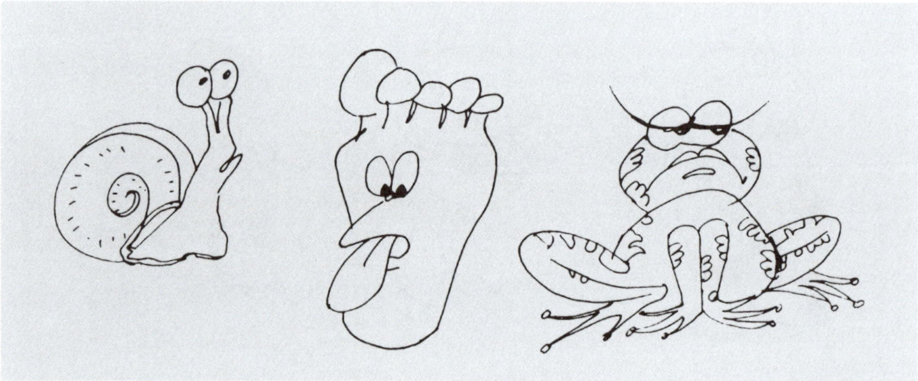

图 3-2-6　动作夸张

（3）体型、比例夸张（见图 3-2-7）

3. 装饰

装饰即美化。在卡通画中，一般采用装饰性纹样装饰或颜色装饰，如图 3-2-8 所示。

图 3-2-7　体型、比例夸张

图 3-2-8　装饰

三、卡通画作品欣赏

第四章 儿童画

儿童画是幼儿园美术活动与环境创设应用中的表现方法，具有很强的表现力，展现了儿童心中美好、多彩的世界。儿童画大致可以分为动物画和儿童人物画两种，多采用平面构图，形式自由，造型、色彩、构图浑然一体，传达出一种童趣之美。

第一节 动 物 画

动物是幼儿园常用的表现题材，无论是在美术教学中还是在环境布置中，应用都极其广泛。各种各样特征鲜明、造型生动、可爱有趣的动物形象深受儿童喜爱。

一、动物的结构特征与动态规律

不同种类的动物有着不同的外形特征，其习性也各不相同。在动物画中，千奇百态的动物形象都会存在，但与幼儿园日常教育活动结合较为密切的还是以畜兽类、禽鸟类、鱼类、昆虫类等动物形象为主。在学习中可以把动物进行归类，寻找和发现它们共同的结构特征和动态规律，举一反三，触类旁通。

1. 畜兽类

畜兽都是四肢动物，由于生活环境及种类不同，逐渐形成了对不同环境的适应性和各自的形体特征。畜兽的主要结构包括头、颈、躯干（含肩、腹、臀部）、四肢和尾巴。畜兽的种类繁多，形体比例也各有不同，形体差别很大。

画好畜兽的关键：要注重整体特征，首先，动物头部是造型表现的重点，要突出形象的典型特征。其次，对某些动物夸张其外形特征，有些动物则要突出其典型的动作。例如，画猪要夸张其肥圆的外形特征，画猴子则要抓住其灵活的动作，等等。要画好畜兽的各种动态，头和躯干的关系非常重要。

畜兽类动物画示例如图 4–1–1 所示。

图 4–1–1　畜兽类动物画示例

2. 禽鸟类

自然界的禽鸟都有一双翅膀，躯干和头都近似于椭圆形，直立时身体呈前高后低的倾斜状。禽鸟的躯干包括肩、背、腰、胸、腹，翅膀在背部的前方，腿足生于腹部的下方，尾巴生于躯干最后部。禽鸟的头部特征以及羽毛的斑纹都是突出造型的表现性元素。

禽鸟的动态主要表现为头部的伸曲、扭转与翅膀的开合。抓住禽鸟动态的特点，可以把动物造型刻画得更加生动有趣。禽鸟类动物画示例如图 4–1–2 所示。

图 4–1–2　禽鸟类动物画示例

3. 鱼类

鱼可分为头、身、尾三部分，一般有背鳍、胸鳍、腹鳍等。鱼类体态和尾有大小变化，大部分鱼的动态是靠尾与鳍的动作表现的。金鱼的特点是鱼尾宽大、眼大、身躯圆短。当然，也有些特殊形体的鱼类不同于上述形态，如乌贼、章鱼、海星等。鱼类动物画示例如图 4–1–3 所示。

图 4–1–3　鱼类动物画示例

4. 昆虫类

昆虫的形体结构分为头、胸、腹三部分，都有多对足。有的昆虫两对翅膀左右对称。昆虫中蝶、蜂、蜻蜓等翅膀发达，特别是蝴蝶的翅膀大且有各种花斑。除翅膀发达外，蜻蜓还有头大、身躯细长这两个特点。刻画昆虫常用夸张、变形、装饰等表现方法。昆虫类动物画示例如图 4-1-4 所示。

图 4-1-4 昆虫类动物画示例

二、拟人化动物造型

动物拟人化是指运用夸张、变形、简化、概括、添加等绘画手法，使动物具有人的五官形象或四肢动态，或者使用人的装束和各种器具。拟人化的动物像人一样有思想和感情，适用于以儿童为欣赏对象的绘画创作。

拟人化动物造型方法主要有以下四种：

1. 结构拟人

结构拟人即将动物的形体结构比拟人体的结构。参照人的形体结构，可将动物的形体结构概括分为头部、躯干和四肢三部分。

拟人化动物的头部是造型刻画的重要部分。要能鲜明地刻画动物头部特征，并能生动地画出动物头部的动态和透视关系，如图 4–1–5 所示。

四条腿的畜兽类动物可以将前臂作为上肢，如图 4–1–6 所示。禽鸟类动物可以将翅膀变化为两臂，如图 4–1–7 所示。多足的昆虫可根据需要将腿分为上肢和下肢，如图 4–1–8 所示。拟人化动物的造型可以进行适当的夸张和变形，如头部、五官适当画大一些，显得更加生动、可爱。

图 4–1–5　拟人化动物的头部刻画

图 4–1–6　畜兽类动物拟人

图 4–1–7　禽鸟类动物拟人

图 4–1–8　昆虫类动物拟人

2. 动作拟人

将动物的各种动作比拟人的不同动作，如劳动、跳舞、唱歌、运动、吃饭、睡觉等，如图 4–1–9 所示。

3. 表情拟人

将动物的表情比拟人的各种表情，如喜、怒、忧、思等，使其形象更加生动，适合儿童欣赏，如图 4–1–10 所示。

图 4-1-9　动作拟人

图 4-1-10　表情拟人

4. 服饰道具拟人

服饰道具拟人，即给动物穿上各种服饰，如男装、女装、童装等，以及使用人类生活中的各种器具，使动物处在人的生活环境之中，如图 4-1-11 所示。

图 4-1-11　服装道具拟人

动物画中，动物的结构特征可进行适当的夸张和变形，色彩也可进行装饰美化，不受其固有色的局限。

三、动物画创编

创编是绘画创作中常用的一种创作手法，它将设计、改编、组织画面等方法相结合，是艺术创作的初级阶段。创编与创作不同，它是根据主题去独立构思、构图、设计色彩，但画面中出现的各种形象可选用参考资料，根据需要去灵活设计、改编、补充，最终组合成新的画面。在幼儿园教学和环境布置中，动物画经常进行命题画创编。动物画创编的流程如下：

1. 构思

构思是将主题思想转化为图像的形象思维过程，是绘画创编的重要环节。构思的主要任务是：

（1）情节的选择处理。

（2）挖掘视觉形象，揭示主题和展现故事的情节和细节。

（3）推敲形象间的内在联系以及形象的典型特征。

反复阅读故事及文字资料，确定故事的主题，并选择故事中最典型的情节来揭示主题。在此过程中，可根据主题搜集相关素材和资料备用。素材和资料是为创编参考所用的形象资料、技法资料等。创编没有参考资料，画面中的形象完全由自己想象，画面的形式完全由自己组织，一般来说是很有难度的。要学会使用资料，从资料中得到启发。

2. 构图

根据需要选择绘画风格及表现手法，然后开始构图，通过画草图将主题转化为具体的形象。构图是创编中最关键的环节，要善于灵活运用构图知识，反复推敲，以达到构图新颖巧妙的效果。

（1）确定主次形象的位置关系

画面中的形象无论多与少，都有主次之分。所谓主体形象就是指要重点表现的对象，它的位置需要最能引起欣赏者的注意，如图 4–1–12 所示。因此，确定主体形象的位置是至关重要的，之后可根据情节的需要去安排其他形象，这样做可以避免出现喧宾夺主的错误，使画面形象主次分明。

图 4-1-12　确定主次形象的位置关系

（2）处理画面的层次关系

在处理画面的层次关系时，要依据形式美法则展开。所谓形式美，是指绘画构图中各种形式因素有规律地组合，使构图完整，给人以美感，如图 4-1-13 所示。要考虑的要素主要包括疏密变化、对称均衡、节奏秩序、比例协调、多样统一等。

图 4-1-13　处理画面的层次关系

（3）形象设计

形象设计主要包括形象的外形和头像塑造，以及服饰和场景的设计。

另外，画面中造型的大小要依据画幅的大小来确定。一般而言，画面中形象的大小、高低、宽窄要遵循人们的视觉习惯，也可以适当运用夸张的手法，如图 4-1-14 所示。在创编过程中，造型是可以借鉴的，但组织画面时必须要在参考资料的基础上进行形象的改编，将造型风格统一，才能保证画面效果的完整与协调。

图 4-1-14　把握造型的比例关系和表现风格

3. 色彩设计

色彩设计是运用色彩的相关知识，根据主题内容对整个画面的色彩进行全方位的设计。

（1）确定色调

每一幅画都有总的色彩倾向，称为色调。适于儿童观赏的绘画应以色彩明快、对比强烈、美感突出的色调为主，如图 4-1-15 所示，明度偏灰暗、色性偏冷的调子则不适合。

图 4-1-15　确定色调

（2）突出主体

画面中主体形象不仅在构图上要被放在主要位置，色彩上也应区别于陪体，如面积较大的冷色（陪体）衬托暖色（主体），较暗色衬托亮色，纯度较低的颜色衬托鲜艳的颜色等。同时，陪体的颜色尽量做到相对统一，在统一中寻求变化，如明度相同时可在色相上适当加以变化，色相相近时多用邻近色等。

（3）均衡布局

均衡布局是指色彩在画面上的位置、面积安排要达到整体均衡、相互呼应，在变化中和谐、统一的效果。

4. 统一风格

草图与色彩稿设计完成之后，对作品的表现风格和技法也要进行完整的设计。这是因为搜集的素材画法、风格不尽相同，因此要进行二度创作，统一风格。

5. 正式绘制

（1）依设计图稿画正稿，注重造型的位置、比例关系及画面的层次关系，力求做到精细、完整，如图 4-1-16 所示。

（2）结合主题和创作意图，进一步深入制作，选择技法表现来完成动物画。

图 4-1-16　正式绘制阶段

四、动物画作品欣赏

第二节　儿童人物画

以儿童形象为主体的画面经常出现在低幼读物与少儿画报中，其特点是生动、活泼、有趣、可视性强，是儿童认识社会、接受知识最直观、最生动的教材。幼儿园教师掌握儿童人物画绘制技能，对于指导幼儿阅读、绘制教学挂图、装饰幼儿园环境等都很有帮助。在创作儿童人物画时，需要掌握儿童的造型特点，熟悉其特有的表现技法，在此基础上再进行儿童人物画创编。

一、儿童人物特点

1. 儿童形体特征

不同年龄阶段儿童的形体如图 4–2–1 所示。儿童形体特征是：头大，脖子短，肩部比较窄，肚子稍凸起，腰宽，四肢短粗，手脚肥胖，关节、骨骼、肌肉不明显。

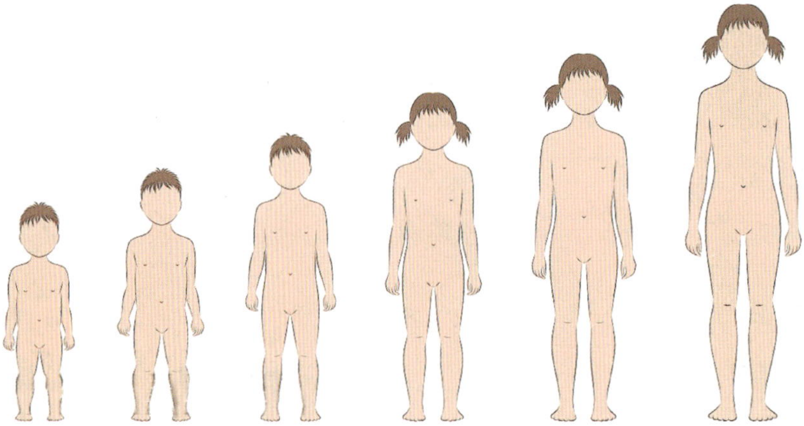

图 4–2–1　不同年龄阶段儿童的形体

2. 儿童头部特征

儿童的脑颅较大，侧面观察额骨显得非常突出。儿童五官相对集中，眼睛在头顶至下颏的中间偏下部位，眼睛较大，睫毛长，两只眼睛距离稍远；鼻头小，鼻梁低；嘴唇肥厚上翘，距鼻子较近；耳朵轮廓又小又圆。由于儿童骨骼肌肉尚未发育成熟，尤其是咀嚼系统如上下颌骨、咬肌、口轮匝肌等发育较晚，儿童头部轮廓整体看上大下小，由大小两个半圆组合而成。儿童头部示意图如图 4–2–2 所示，儿童五官比例图如图 4–2–3 所示。

图 4–2–2　儿童头部示意图

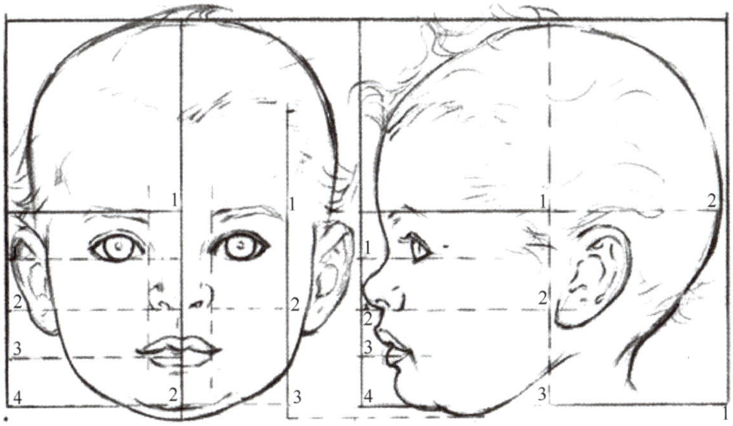

图 4-2-3　儿童五官比例图

3. 儿童人物表现特点

儿童人物画在表现技法上可参考卡通画形象，在外形、表情、动态、服饰、色彩等方面进行适度夸张、变化，使形象变得更加生动、可爱，如图 4-2-4 所示。

图 4-2-4　儿童人物表现特点

二、儿童人物画创编

儿童人物画创编与动物画创编方法步骤一致，只是内容上有所区别。经常做创编练习，有助于提高创作能力。

儿童人物画的创编步骤如下：

1. 搜集资料

选定童话故事、儿歌等，根据创编主题要求，搜集所需形象的资料，并进行变化或改编。

2. 设计构图小稿

儿童题材的绘画构图要轻快活泼，以曲线构图为佳。

3. 设计色彩小稿

要做到色彩明快、主体突出、层次清晰、对比鲜明，不宜使用较灰、暗的色调。

4. 放大正稿

在绘制过程中一定要做到内容与形式高度统一，如人物的造型特点、用笔用色的方法等。

三、儿童人物画作品欣赏

第五章 幼儿园水墨画

第一节　中国画基础知识

一、中国画的概念

中国画，顾名思义，就是用中国传统的绘画工具，按照中国人的审美习惯画出来的画，通常简称为国画。国画的历史悠久，在世界美术领域独树一帜、自成体系。国画按表现手法可分为工笔画和写意画两种形式（见图 5–1–1），按艺术表现题材可分为人物画、山水画、花鸟画（蔬菜、畜兽、昆虫等题材也归入此类）三大类。

《寒雀图》（局部）/ 北宋崔白工笔花鸟画

《历代帝王图》（局部）/ 唐代阎立本工笔人物画

《牡丹图》/ 清代恽寿平没骨画

《红牡丹》/ 吴昌硕写意花鸟画

图 5-1-1　国画的表现手法

二、中国画所用工具与材料

中国画所使用的工具与材料有着独特的制作工艺，它区别于西方绘画的工具与材料而独具一格。

1. 毛笔

毛笔根据其毛毫的性质可分为软毫、硬毫和兼毫三大类。

（1）软毫

软毫以羊毫为代表，柔软，吸水性强，如图 5-1-2 所示。

（2）硬毫

硬毫以狼毫（指黄鼠狼的毛）为代表，坚硬挺拔，吸水性较差，如图 5-1-3 所示。

（3）兼毫

兼毫是将软毫和硬毫按不同的比例掺和而成的，刚柔相济，适用范围广泛，如图 5-1-4 所示。

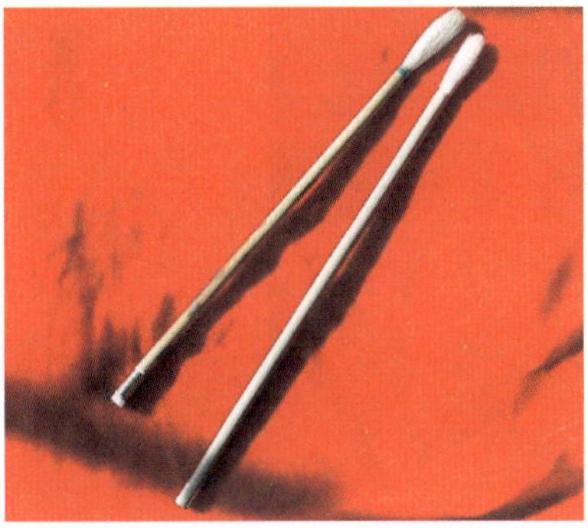

图 5-1-2　软毫

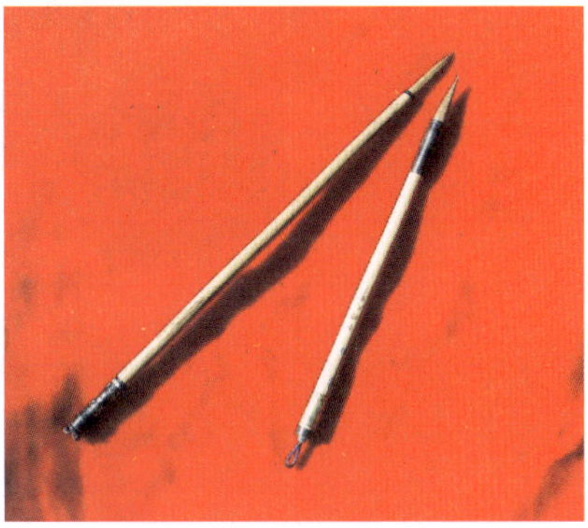

图 5-1-3　硬毫

图 5-1-4　兼毫

2. 宣纸

中国画所用的纸张称为宣纸，根据其性能的不同可分为生宣纸和熟宣纸。

（1）生宣纸

生宣纸的吸水性较强，墨色在纸上能自然洇开，产生较为特殊的肌理效果，多用于水墨画。

（2）熟宣纸

熟宣纸是在生宣纸的制作工艺中，加入胶矾等原料，使纸不渗水，主要适用于工笔画的着色晕染。

3. 其他工具与材料

中国画经常使用的其他工具与材料主要有颜料、笔洗、调色碟、墨汁、画毡等，如图 5–1–5 所示。

图 5–1–5　其他工具与材料

三、笔墨技法

1. 执笔法

对于初学者而言，掌握正确的执笔法十分必要。正确的执笔法如图 5–1–6 所示，这种执笔法能使五指用力达到协调一致。同时要注意“指实掌虚”的要领，这样才能保证运笔时灵活自如、气韵贯通。

图 5–1–6　正确的执笔法

2. 运笔方法

（1）中锋

笔杆垂直于纸面，笔锋藏在墨线里，线条厚重、圆润，如图 5-1-7 所示。画竹竿、叶茎或题字时常用此法。

图 5-1-7　中锋

（2）侧锋

在运笔的时候，笔杆稍斜，笔锋侧向一边，线条扁宽，一边光一边毛，墨色丰富，如图 5-1-8 所示。画植物的叶子和鸟类的羽毛等常用此法。

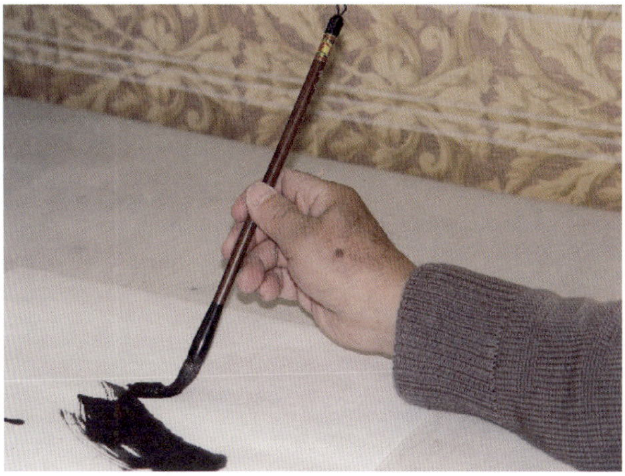

图 5-1-8　侧锋

（3）逆锋

由右向左或由下向上运笔称为逆锋，线条粗散。画老树干、山石轮廓常用此法。

（4）拖锋

运笔时笔杆在前，笔锋在后，拖着笔走，如图 5-1-9 所示。运笔时可转动笔杆，线条变化丰富、灵活。画藤蔓植物的茎常用此法。

图5-1-9　拖锋

3. 用墨方法

古人云“墨分五色”，是指在画中用墨有干湿浓淡变化，有层次。墨色浓淡较润称为浓墨，此外还有重墨、中墨、淡墨之分。水墨画中的用墨方法大致可分为蘸墨法、破墨法、积墨法、宿墨法、泼墨法等。下面介绍三种常用的方法。

（1）蘸墨法

蘸墨法是用墨的根本技法，其操作方法是：先将笔锋中饱蘸淡墨，然后再在笔尖上蘸浓墨，由于笔锋中墨色的自然融合，下笔后即可产生浓淡相间的效果，如图5-1-10所示。

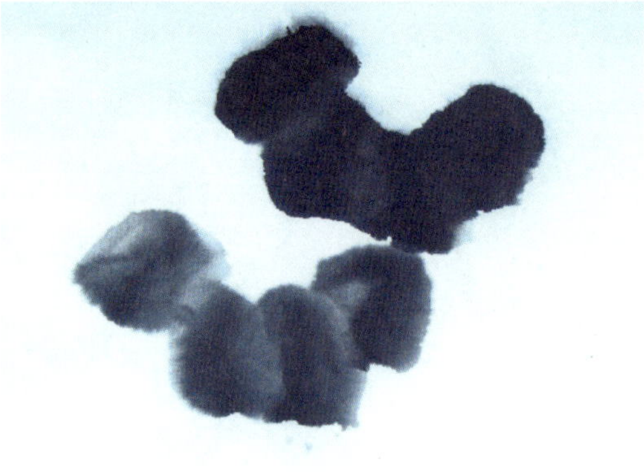

图5-1-10　蘸墨法

（2）破墨法

破墨法是在底墨未干的时候，再施淡墨、清水或颜色附加在底墨上，使不同墨色相互渗透，形成丰富的墨色变化，如图5-1-11所示。破墨法有浓墨破淡墨、淡墨破浓墨、干墨破湿墨、湿墨破干墨、墨破水、水破墨、墨破色、色破墨等。

（3）积墨法

积墨法是用浓淡不同的墨层层积染，使墨色自然结合，达到既有变化又有厚重感的艺术效果，如图 5-1-12 所示。

图 5-1-11　破墨法

图 5-1-12　积墨法

第二节　幼儿园水墨画技法

水墨画教学已成为幼儿园美术教育活动的重要组成部分。研究发现，多数幼儿能够接受并喜欢水墨画的学习。幼儿依靠直觉自由创作的状态与水墨画强调抒发情感的艺术表现方式有相似之处。同时，画水墨画有利于促进幼儿潜能的开发，陶冶幼儿的情操。一般来说，幼儿园水墨画具有造型简单，笔墨夸张、稚拙、天真、率性的特征。

接下来介绍一些常见的果蔬、花卉、水族动物、禽类动物及哺乳动物的画法。

一、果蔬画法

1. 葡萄的画法（见图 5-2-1）

（1）用羊毫提笔饱蘸重墨，侧锋三五笔画出一片叶子。为了表现画面层次，叶子要有浓淡之分。用白云笔蘸曙红色与花青色调好的紫红色，侧锋画出葡萄珠。要注意葡萄的组织关系，要有遮挡。

（2）用重墨勾出叶脉，点出葡萄蒂。

（3）最后画出藤蔓，要有节奏感。

图5-2-1　葡萄的画法

2. 枇杷的画法（见图5-2-2）

（1）笔中饱蘸藤黄色，笔尖蘸赭石色，用点厾法画出枇杷果的形态。要注重刻画枇杷果的姿态和组合关系。

（2）枇杷叶多用重墨画，注重墨的浓淡变化。用大号笔提笔侧锋两笔画出叶子的形。

（3）中锋画出枝，枝穿针引线式地将果、叶串联起来。要注重穿插关系，画出起承转合的节奏感。

（4）最后，画出果蒂，勾出叶脉。

图 5-2-2　枇杷的画法

3. 白菜的画法（见图 5-2-3）

（1）淡墨中锋勾画出白菜帮的部分。

（2）用羊毫提笔饱蘸重墨，侧锋画出白菜叶。要注意墨色浓淡、干湿的变化。

（3）待墨未干时，浓墨中锋勾出叶脉及白菜根部。

图 5-2-3　白菜的画法

4. 葫芦的画法（见图 5-2-4）

（1）用羊毫提笔蘸重墨，侧锋画出叶子形状。

（2）待墨未干时浓墨中锋勾出叶脉。

（3）将大白云笔饱蘸藤黄色、笔尖蘸赭石色，侧锋画出葫芦形状，其形状要夸张、有趣。用浓墨点出底及蒂，用中墨或淡墨画出藤蔓。

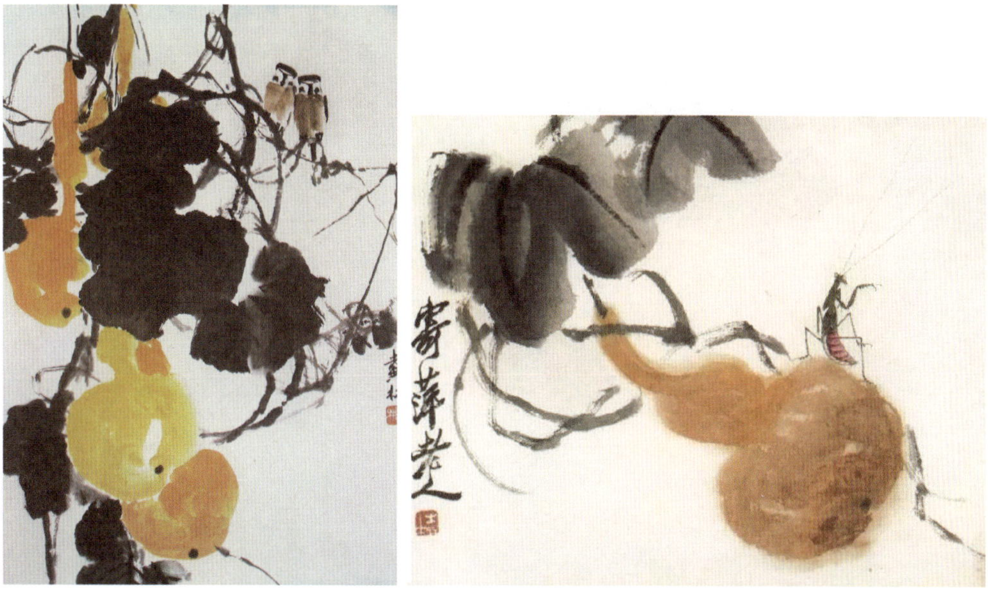

图 5-2-4　葫芦的画法

5. 丝瓜的画法（见图 5-2-5）

（1）用羊毫提笔蘸重墨侧锋三五笔画出丝瓜的叶子。用藤黄色加花青色调成绿色，将大白云笔饱蘸绿色，中锋二三笔画出丝瓜的形状。

（2）趁颜色未干时，用狼毫勾出线笔勾出叶脉和丝瓜脉。用勾线笔蘸淡墨中锋与侧锋兼用画出藤蔓，且注重运笔的轻重、徐疾等变化以及藤蔓的节奏感。

（3）最后可用藤黄色画出丝瓜小花，用浓墨点出蕊，使画面更富有趣味。

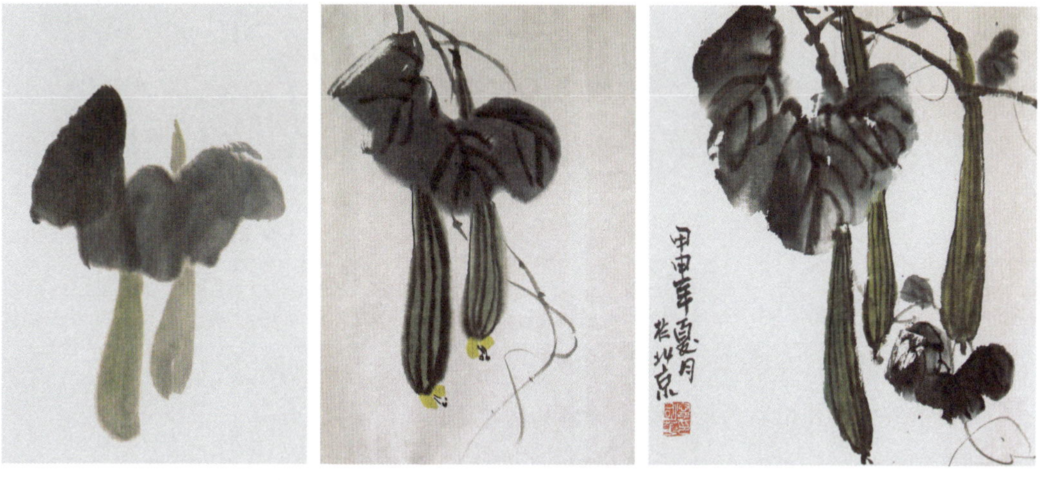

图 5-2-5　丝瓜的画法

6. 南瓜的画法（见图 5-2-6）

（1）用重墨中锋勾出南瓜的形状，线条要有虚实、方中见圆的变化。

（2）用重墨侧锋三五笔画出瓜叶。用羊毫提笔饱蘸大红色着色，注意不要涂得过匀，笔到意足即可。

（3）最后用狼毫勾线笔画出叶脉、藤蔓。

图 5-2-6　南瓜的画法

7. 豆角的画法（见图 5-2-7）

（1）重墨中锋勾出豆角形，线条要画得方中有圆。

（2）用藤黄色加少许花青色调和成黄绿色着色。

（3）用重墨侧锋三笔画出叶子，浓墨中锋勾出叶脉，重墨中锋勾出藤蔓。

图 5-2-7　豆角的画法

二、花卉画法

1. 牵牛花的画法（见图 5-2-8）

（1）用大白云笔饱蘸淡曙红色，笔尖蘸较浓的朱砂色，侧锋锋横抹一笔，依次笔笔相接画出扇形。最后侧锋横画两笔即为牵牛花的花头。

（2）笔中稍调些水，用淡红色侧锋画出花筒部，侧锋竖画一笔为花苞，用重墨三笔画出叶子。要注意叶子形状，中间一笔要长些，余下两片叶子要小些。

（3）用浓墨侧锋与中锋相结合画出花蒂，同时勾出叶脉。

（4）用淡墨或淡赭墨色中锋勾出藤蔓，最后用朱磦色加藤黄色点出花蕊。

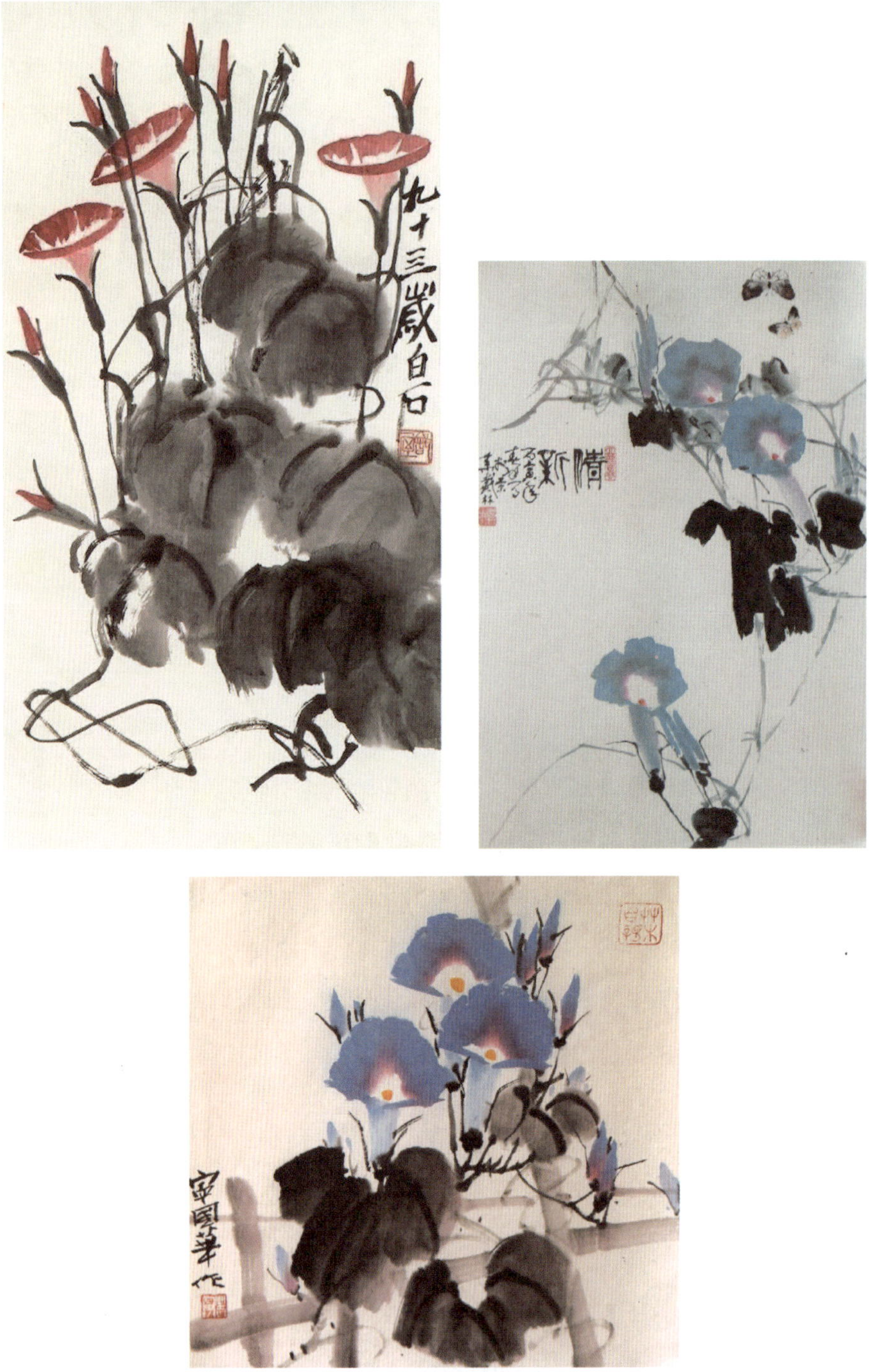

图 5-2-8 牵牛花的画法

2. 紫藤的画法（见图 5-2-9）

（1）调好曙红色，加入少许花青色调和为紫红色，且笔尖上多蘸花青色，用点乱法侧锋点出花苞。

（2）用淡紫红色侧锋两笔画出花瓣，后用草绿色加赭石色中锋勾出茎。用重墨侧锋点出叶，待墨未干时用浓墨中锋勾出叶脉。用淡墨画出藤蔓，要注意穿插、把握节奏。最后用藤黄色、花青色点出花蕊。

图 5-2-9　紫藤的画法

3. 凌霄花的画法（见图 5-2-10）

（1）用大白云笔调大红色，侧锋五笔画出花瓣。画时要考虑好花的各种姿态，并点出花苞。重墨侧锋用笔画出叶子。

（2）用浓墨勾出叶脉、勾点花蕊，用较浓的曙红色勾出花脉，用重墨画出枝及花蒂。

图 5-2-10　凌霄花的画法

4. 红梅的画法（见图 5-2-11）

（1）用大白云笔蘸重墨侧锋画出红梅的主枝干。注意墨色稍干些，以表现梅花枝干粗糙的质感。

（2）中锋与侧锋相结合画出小枝。

（3）大白云笔先饱蘸大红色或曙红色，笔尖蘸较浓的朱砂色，用点厾法画出花瓣及花苞。花的组织要有正侧俯仰等姿态以及疏密散聚的变化。

（4）最后，待墨色未干时用浓墨中锋画出花蕊。

图 5-2-11　红梅的画法

三、水族动物画法

1. 青虾的画法（见图 5-2-12）

（1）先用长锋羊毫笔蘸淡墨中锋向下压一笔画出虾枪，然后在其斜下方再画一笔，这两笔画出青虾头胸部的形状。

（2）在虾枪左右两侧用侧锋画出平衡器。

（3）笔尖上稍蘸重墨，用侧锋五笔连贯而下画出虾腹，且第一笔与头胸部稍空出些，要大，随后腹节依次减小。

（4）侧锋画出尾，中锋用笔点出虾的步足，用笔要短促。

（5）浓墨中锋在虾枪上重重画出一笔，同时点出虾的眼睛，运笔从外向内画，且起笔时要稍顿一下。

（6）中锋画出虾钳。用笔尖画出虾须，可画六条，从虾枪前端画出，两条向前，两条向左右展开，两条向后，要表现出虾游动的姿态。

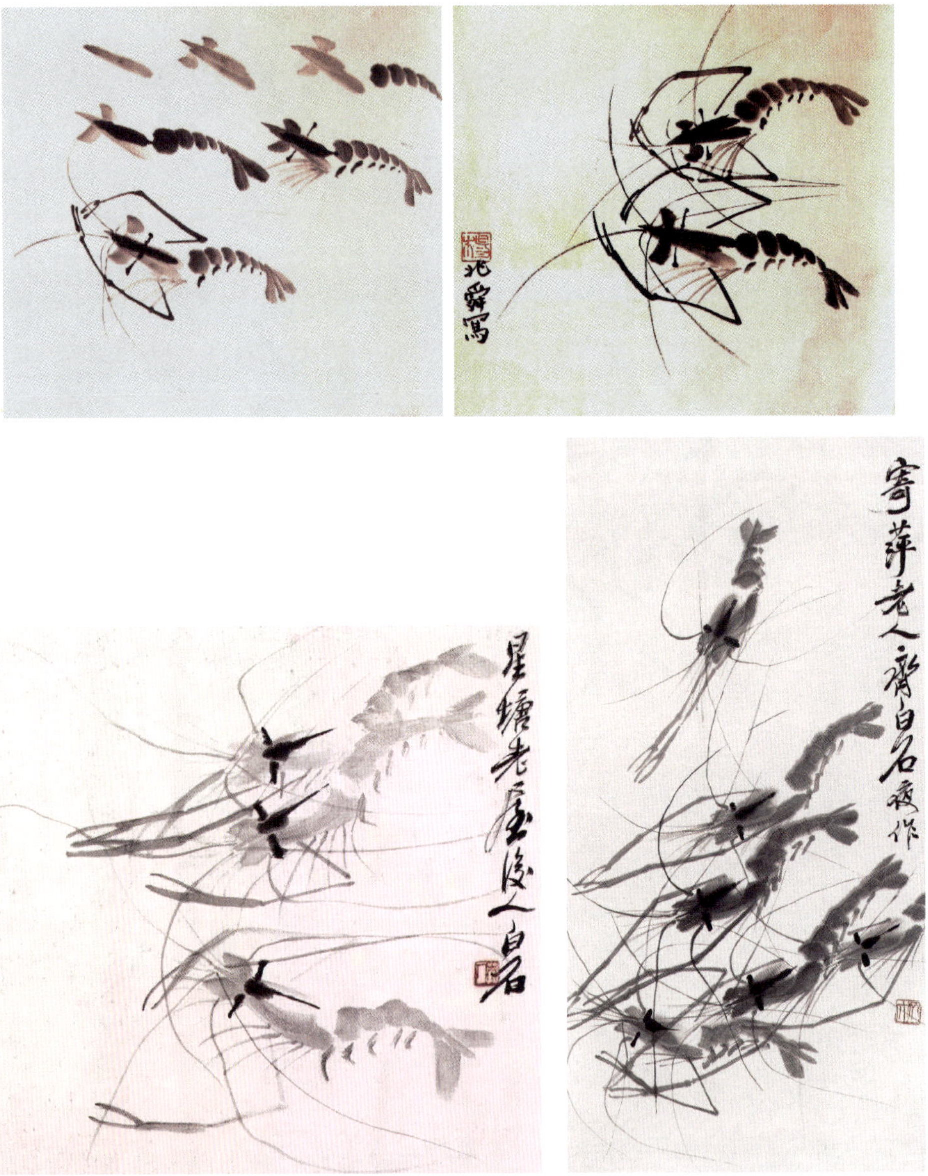

图 5-2-12　青虾的画法

2. 螃蟹的画法（见图 5-2-13）

（1）用大白云笔饱蘸重墨侧锋三笔画出蟹壳，要注意其形状上宽下窄，且运笔要连贯。

（2）中锋画出蟹的八条大腿。

（3）接下来画出蟹折回的八条小腿，注意下笔要顿一下，收笔要快，随后画出尖利的小爪。同时要画好蟹横行的动态，左伸右收。

（4）用侧锋画出蟹的两个大钳，浓墨中锋由外向内点出眼睛及勾好两个大钳。

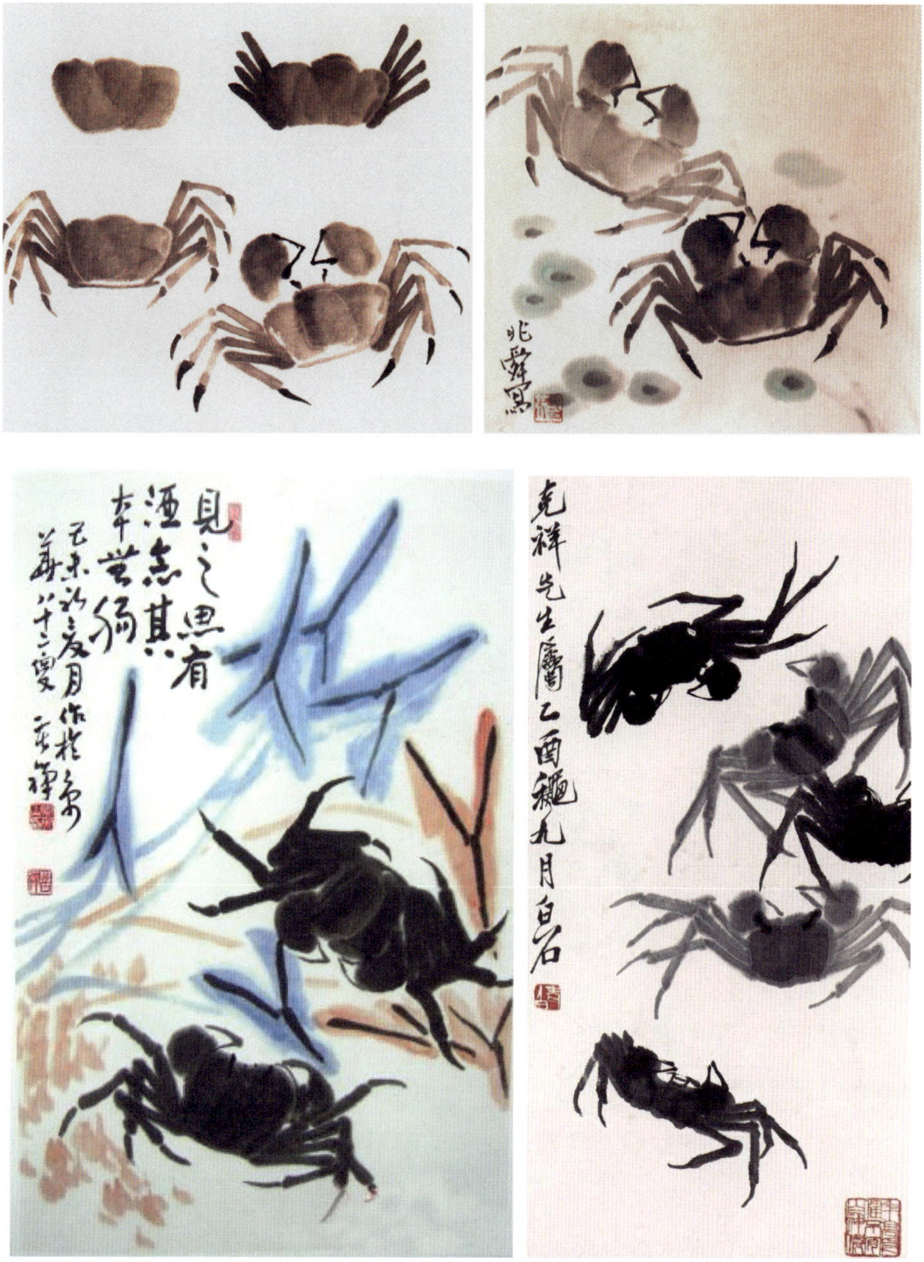

图 5-2-13　螃蟹的画法

3. 小青鱼的画法（见图 5-2-14）

（1）大白云笔饱蘸淡墨中锋画出小青鱼的背部及尾部。

（2）重墨中锋勾出嘴、鳃并点出眼睛。

（3）淡墨画出小青鱼腹部，笔尖上稍蘸重墨侧锋画出鱼鳍。

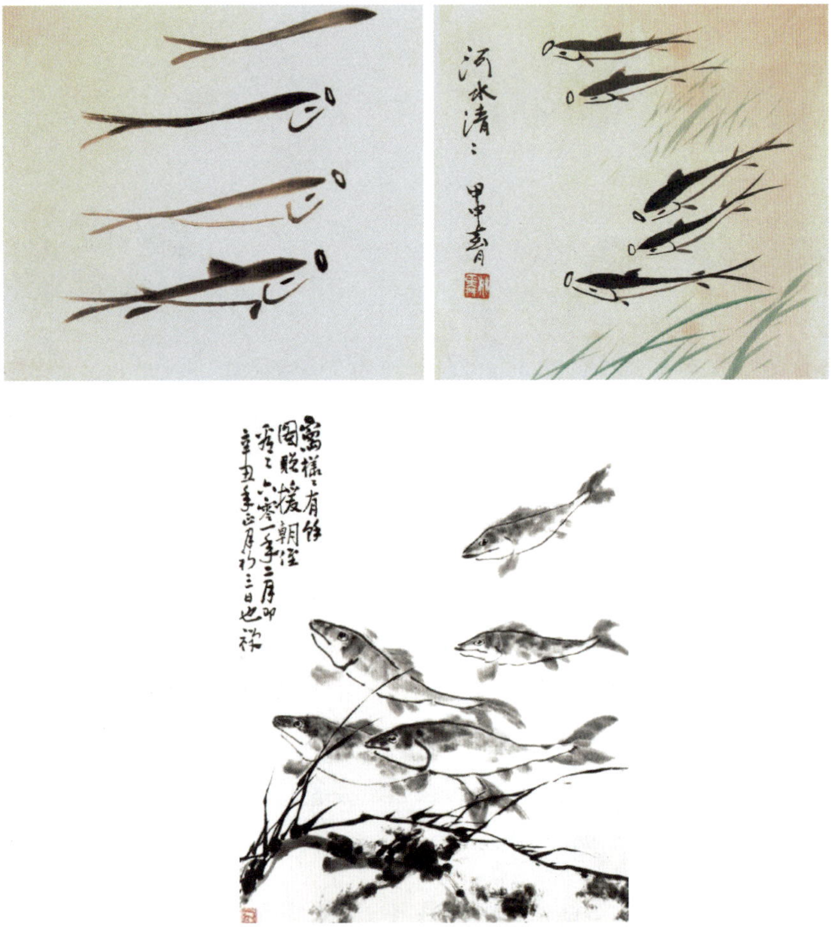

图 5-2-14　小青鱼的画法

4. 金鱼的画法（见图 5-2-15）

（1）大白云笔蘸重墨中锋向下压一笔，画出金鱼的背部。

（2）中锋勾出金鱼的双眼及腮部。金鱼的眼不能画得太圆，运笔要圆中见方，有变化。

（3）淡墨勾出金鱼身体部分。

（4）饱蘸重墨侧锋画出金鱼尾部，画鱼尾部为三笔，要注意这三笔大小的变化，要表现出金鱼游动的姿态。

（5）淡墨中锋画出鱼鳍。

图 5-2-15　金鱼的画法

5. 青蛙的画法（见图 5-2-16）

（1）用花青色加三绿色调和成青绿色，大白云笔蘸色侧锋画出青蛙头、躯干部分。

（2）中锋画出青蛙四肢，要注意将其动态表现出来。

（3）趁色未干时，用浓墨点出斑纹。淡墨中锋画出嘴、眼及胸腹部。

图 5-2-16　青蛙的画法

四、禽类动物画法

1. 麻雀的画法（见图 5-2-17）

（1）用淡墨加赭石色调成赭墨色，用大白云笔饱蘸赭墨色侧锋点乱法画出麻雀的头部。

（2）侧锋两笔画出麻雀的背部。

（3）侧锋两笔画出麻雀的翅。

（4）用狼毫笔蘸重墨画出嘴、眼睛及颈部。

（5）用狼毫笔蘸重墨侧锋画出麻雀的飞羽，要注意飞羽的大小变化。

（6）用淡赭墨色勾出麻雀的胸腹部及爪。

图 5-2-17　麻雀的画法

2. 燕子的画法（见图 5-2-18）

（1）用大白云笔蘸浓墨侧锋画出燕子的头部。

（2）侧锋两笔画出燕子的背部。

（3）侧锋画出双翅，要把握好燕子飞行的动态。

（4）用稍干些的浓墨点出嘴、眼，侧锋画出飞羽及尾羽。

（5）用淡墨勾出燕子的胸腹部，用淡曙红色画出燕子颈部的羽毛。

图 5-2-18　小燕子的画法

3. 小鸡的画法（见图 5-2-19）

（1）用大白云笔蘸重墨侧锋画出小鸡的头部，笔的水分可稍多些，其洇开的效果正好表现小鸡毛茸茸的质感。

（2）侧锋两笔画出小鸡的肩。

（3）随后两笔补上小鸡的尾。

（4）用浓墨画出嘴、眼，淡墨侧锋画出小鸡的颈部。

（5）用淡墨侧锋画出小鸡的胸腹部及腿部。

（6）用淡墨中锋画出小鸡的爪，用朱砂色点出小鸡的冠羽。

图5-2-19　小鸡的画法

4. 大公鸡的画法（见图5-2-20）

图5-2-20　大公鸡的画法

（1）用浓墨中锋勾出大公鸡的嘴和眼。

（2）用淡墨中锋勾出颈部的形状，淡墨侧锋用点厾法画出背部，浓墨侧锋画出翅膀。

（3）用羊毫提笔蘸重墨，笔尖上蘸浓墨，侧锋画出尾，用笔要有长短、粗细的变化。淡墨侧锋画出胸腹部及腿部。

（4）用朱砂色画出鸡冠，用赭石色加藤黄色着嘴部颜色。

（5）最后，浓墨中锋勾出爪。

5. 锦鸡的画法（见图 5-2-21）

（1）用浓墨中锋勾出锦鸡的眼、嘴。

（2）用赭石色加藤黄色的调和色画出冠羽和颈部的颜色，用淡墨侧锋画出背上夏羽。

（3）用朱砂色侧锋画出胸腹和腿的色彩，用浓墨侧锋画出飞羽，点出颈部、背部的斑点。用羊毫提笔蘸赭墨色侧锋画出尾。

（4）待色未干时，用重墨画出尾上的斑纹，注意画的形状要有虚实、大小的变化。用花青色着嘴的颜色。

（5）最后，用浓墨勾出爪。

图 5-2-21　锦鸡的画法

五、哺乳动物画法

1. 小熊猫的画法（见图 5-2-22）

（1）用赭石色加入少许淡墨，侧锋画出小熊猫的额头及两腮、耳朵。

（2）重墨中锋勾出眼圈、眼球及嘴的位置。

（3）用赭石色加少许淡墨色，侧锋画出上臂、躯干和下肢，注意身体的动态和比例。

（4）用重墨画出眼的黑色、毛色及尾部的斑纹。

图 5-2-22　小熊猫的画法

2. 大熊猫的画法（见图 5-2-23）

（1）用淡墨中锋勾画出大熊猫躯干的形状，用笔要有变化。

（2）用重墨中锋、侧锋相结合画出头部的眼、鼻、耳等器官。

（3）用羊毫提笔蘸浓墨侧锋画出大熊猫的四肢。

（4）最后用朱砂色画出嘴。

图 5-2-23　大熊猫的画法

3. 松鼠的画法（见图 5-2-24）

（1）用浓墨中锋画出眼，用赭石色加墨调和成赭墨色侧锋三笔画出头部形状。

（2）侧锋两笔画出耳。松鼠身体形状由两个椭圆形组成，侧锋画出，要前大后小。

（3）侧锋画出四肢，要注意生动刻画动态。

（4）侧锋画出尾。

（5）最后用浓墨点出爪，勾出须。

图 5-2-24　松鼠的画法

4. 海豚的画法（见图 5-2-25）

图 5-2-25　海豚的画法

（1）用大白云笔蘸重墨中锋画出海豚的背部及尾部。

（2）重墨中锋勾出嘴、眼。

（3）淡墨画出胸腹部，重墨侧锋画出鳍。

（4）最后用藤黄色加朱骠色着嘴的色彩。

六、幼儿园水墨画欣赏